老会战

The Petroleum Veterans

中国石油100位老会战口述历史

100 CNPC stalwarts share their stories behind the petroleum giant's search for success

金 添 著

石油工业出版社

图书在版编目（CIP）数据

老会战：中国石油100位老会战口述历史/金添著
．—北京：石油工业出版社，2022.1
　ISBN 978-7-5183-5147-3

Ⅰ．①老… Ⅱ．①金… Ⅲ．①石油工业–工业史–史料–中国 Ⅳ．①F426.22

中国版本图书馆CIP数据核字（2022）第012751号

出版发行：石油工业出版社
　　　　　（北京安定门外安华里2区1号楼　100011）
　　网　　址：www.petropub.com
　　编辑部：（010）64523707　图书营销中心：（010）64523633
经　销：全国新华书店
印　刷：北京中石油彩色印刷有限责任公司

2022年1月第1版　2022年6月第2次印刷
889×1194毫米　开本：1/12　印张：19
字数：350千字

定价：260.00元

ISBN 978-7-5183-5147-3

（如发现印装质量问题，我社图书营销中心负责调换）
版权所有，翻印必究

序一

Li Jing

李 敬

中国石油工业发展的历史几乎是与共和国的发展壮大同步进行的。一部中国石油工业发展史，就是百万中国石油人开拓进取、为国奉献的奋斗史，不惧艰苦、战胜困难的创业史，也是一代又一代石油人的拼搏奉献史。中华人民共和国成立前，中国石油工业基础十分薄弱，仅有的几个油田年产不足12万吨，国内消费的石油基本上依靠进口。中华人民共和国成立后，勘探开发取得重大突破，十年时间原油产量达到373万吨，但远远不能满足国家经济建设的需要。国家社会经济的全面复苏与快速发展需要石油的强力推动。在这样的特殊时期，党和国家用特殊组织方式，集中人力、物力和财力，以歼灭战的形式，组织石油会战。石油工业创业史，百万覆地翻天人。老一代石油人在国家极其困难的时期，牺牲个人利益，为国家作出巨大奉献。伟大的时代必然成就伟大的事业，伟大的事业必然造就伟大的英雄。在这片英雄的土地上，一代又一代英模人物不断涌现。以"铁人"王进喜为代表的大庆石油会战的英雄们，在极其困难的条件下，"宁肯少活二十年，拼命也要拿下大油田"。他们生动地诠释了中国石油"爱国、创业、求实、奉献"的企业精神。

作为新时期石油人，我们应该牢记他们付出的心血与汗水；作为新时期石油人，我们应该继承弘扬老会战精神，为新时期石油工业发展作出更大贡献。随着时代的发展，传统石油会战模式已成为历史，新时期石油会战在全国各地上演。石油老会战是油田勘探开发事业的奠基者，是中国石油工业的光荣与骄傲。他们的亲身经历是油田会战历史乃至中国石油工业历史的重要组成部分。石油老会战是一座丰碑、一部史诗、一首壮歌，令人景仰，令人自豪！

随着岁月流逝，这批为共和国石油工业作出贡献的人们已经步入耄耋之年，甚至很多人已经离去。本书以口述历史的形式记录了他们中一部分人平凡而又光辉的奋斗之路，具有较高的历史价值。

原石油工业部副部长

老會戰

preface

序二

丁伟

Ding Wei

2020年10月份的一天，金添告诉我，他正在筹划出版一本反映石油老会战的画册。老实说我有点儿担心，因为金添入职石油系统满打满算不过13年。石油会战这段历史有很长的时间跨度，不易拿捏得准确。约了一个周日，让他专门将书稿拿给我仔细阅读。方知书中是以参加过石油会战时期人物为原型，通过100个人物讲述了100个故事，以图文并茂的方式回忆石油工业发展过程中的那段特殊岁月，让人浮想联翩。以往也有一些反映石油会战的图书，而金添所著的这本《老会战》，是对这个时期历史人物和他们故事的有益补充。

《老会战》，我个人理解起码有两层意义。

一是石油会战作为中国石油工业历程中的重要阶段，它的历史功绩永垂不朽。石油会战对中华人民共和国成立初期民族工业起步，对改革开放时期国民经济的腾飞起到了支撑和保障作用。20世纪50年代到20世纪90年代，大大小小的石油会战应该有几百场。通过会战，接连发现了大庆油田、胜利油田、新疆克拉玛依油田、四川油气田、辽河油田、大港油田、塔里木油田、吐哈油田等。在会战中，石油工人凭着"我为祖国献石油"的担当与热情，发扬一不怕苦、二不怕死的革命精神，战荒原、卧冰雪、闯沙漠、踏戈壁，付出青春和生命的代价，甩掉了中国贫油的帽子。石油人感天动地的精神和事迹也受到了中央领导的高度赞扬，提出了"工业学大庆"的口号。这也是石油工人最值得自豪的时刻。

二是石油会战时期，老石油给后人留下了宝贵的精神财富。他们所处的时期产生的"大庆精神""铁人精神"都对石油工业的发展起到了积极推动作用，是永远值得珍藏的财富。随着时间的流逝，那些战天斗地的事迹和伟大精神或被淡忘，或是深深地埋藏在那一代老会战人的心中。所以，记录老石油、老会战的历史，挖掘珍藏在他们心中的故事，是一件十分有意义的事情。

这本书不仅是100个老会战石油人的故事，也是对那个时代的追忆和致敬。

现任中国新闻摄影学会副会长

原中国石油报新闻总监

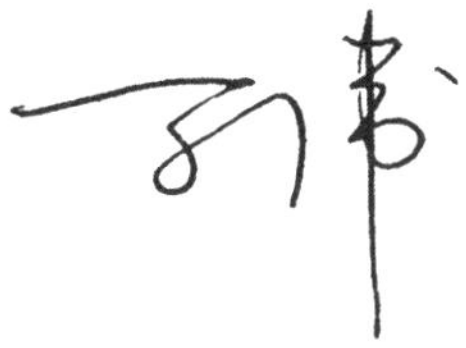

2021年3月

老会战

02
1954—1961
青海油田篇
P025

04
1958—1959
四川油田篇
P077

李建国·最能吃苦的就是石油人 /026
宋润生·冷湖，现在『热』起来了 /028
万方荣·我与柴达木盆地续下了一段缘分 /030
王礼泉·干石油我不后悔 /033
薛怀兴·过去不堪回首 /034

陈　群·会战场景历历在目 /078
董金壁·我的师傅是郭孟和 /080
董玉莲·四川石油第一代机械技师 /082
董中林·放下钢枪　为油而战 /084
樊友珍·我的『红村』情结 /086
韩政安·让『我为祖国献石油』精神永存 /088
贺鼎元·『贺大爷』的非寻常路 /091
曲俊耀·威远气田『座山雕』/093
沙树荣·巴山蜀水情 /095
史鉴生·难忘那段艰苦奋斗的历史 /097
孙长江·那段艰苦却不服输的岁月 /099
王宏君·寻找『缝缝洞洞』/101
谢奉霞·见到毛主席，是我一生的幸福 /102
姚光雄·我终生难忘的三件事 /105
赵怀英·用奋斗描绘峥嵘岁月 /106
郑克慈·青春岁月如歌 /108
周　沛·嘉陵江边 /110

01
1939—1957
玉门油田篇
P001

03
1955—1958
克拉玛依油田篇
P037

李　敬·石油会战的峥嵘岁月 /002
段兴贵·从抗美援朝到建设油田 /004
高泗仁·从"开除"党籍到恢复党籍 /006
郇子良·挥之不去的记忆 /008
黄桂根·我给玉门油田点赞 /010
吉荣森·我曾经和赵宗鼐在一个岗位 /012
康东镇·与人为善是石油人的本性 /015
马心瑞·我和油田农副业的不解之缘 /017
王茂基·目睹人背钢丝绳修井的修井人 /019
张希文·第一个见到酒泉解放的人 /021
赵和元·曾和603岗位一样响亮的名字 /023

亚克别克·克对别克·放羊的孩子 /038
蔡志山·油田科研回顾 /040
高鼎城·没有条件创造条件也要上 /042
郭　森·为修水渠切除三分之二的胃 /044
卡依霞·可可思汗·那时候女孩像男人一样 /046
孔凡兴·处长给我牵马 /048
李培智·『老伙计』陪我走南闯北 /051
刘昌瑶·『三上』塔里木 /053
孟马尔·坚守泵站的岁月 /055
欧哈斯·夏木·一套工作服四个人穿 /057
欧远德·我愿为油田工作一生 /059
王廷明·领导也是普通一员 /060
王忠信·一张白纸绘蓝图——试油处是怎样创建的 /062
吴淑华·女人当钻工要『过五关斩六将』/064
徐登元·儿子不叫『爸爸』还说我『死不悔改』/066
张德智·我在『硬骨头钻井队』打井 /068
张金山·不能忘记英雄 /071
张文经·杨拯陆是我的党小组组长 /073
张　毅·我一生最宝贵的是工人时期 /075

06
1964—1967
华北油田篇
P151

卢泽洲·我给铁人当『秘书』/152
马太芝·让后进转变为先进 /155
马 卓·搏风击雪喇嘛甸 /156
王生发·争分夺秒实现『三个当天』/159
王天其·超越苏联勋功勋钻井队 /160
徐光孝·保一线分秒都不能耽误 /162
杨学健·风雪之中的生死考验 /165

05
1959—1962
大庆油田篇
P113

陈加义·年年当『五好』工人 /114
崔敬海·从抗战老兵到油田生活管家 /116
高知音·年轻搞科研 晚年玩乐器 /118
李兴德·宣传大庆精神铁人精神 让全世界的人认识大庆油田了解铁人 /120
李振久·铁人，我永远的榜样 /123
刘书城·『斗硬』是我一生的追求 /125
刘玉福·两月住井，胡子长了，回家儿女叫『爷爷』/127
娄福弟·为了早日拿下大油田 /129
吕绍斯·立志为祖国献石油 /131
马德仁·『永不卷刃的尖刀』『五面红旗』之一 /132
马维仁·司机，也要为会战保生产 /134
穆群义·我就是颗螺丝钉 /136
邱岳泰·为石油奋斗一辈子 /138
王修禄·80岁圆了入党梦 /140
杨国珍·东北汉子到西北钻井，大庆石油会战返回东北 /143
张铭文·宋振明带我给井队送灯泡 /145
赵树举·让大家吃上鱼，一年不回家 /147
朱洪昌·干革命干到现在没有说过不行 /149

07
1970—1975
陕甘宁油田篇
P167

倪宗僖·我是28人的先遣队员 /168
周礼成·油田会战——挥之不去的记忆 /170
魏祥邦·有幸参加了三场石油会战 /172
徐德苓·我的这个心愿已了 /174
杨俊杰·我碰上了好时代是个幸运者 /177
金忠臣·今生，我无悔无怨 /179
孙述圣·我和油田农副业的不解之缘 /181
刘景生·会战——撸起袖子往死里干 /183
赵汉林·这一生心里只有石油 /184
何自新·地质工作不只是待在屋里 /186
夏银田·为了让原油顺畅流淌 /188
杨春和·党让我到哪 我就到哪 /190

08
1970—1977
辽河油田篇
193

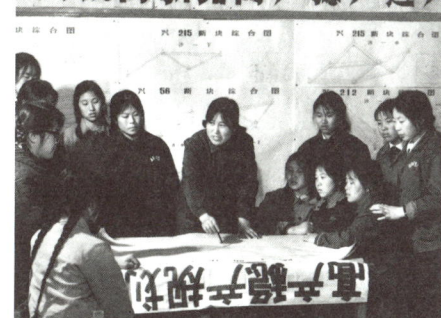

程玉琛·油田建设牵着人民的心 /194
董家兴·油田建设就是使命 /196
梁鸿德·祖国在我心中 /198
刘佃学·油田是拼出来的 /200
刘凤喜·油田的路我的家 /203
谭时勇·地质尖兵初探辽河 /205
王先柱·玉门会战历史 /207
肖守信·为祖国找油气 建设百年辽河 /209
杨桂兰·抗洪抢险精神永存 /210
杨 录·边挨批判，边组建『673』/212
张世续·会战回忆录 /214

老會戰

Part 01

玉门油田篇

1939—1957

　　1959年大庆油田发现后，以王进喜、薛国邦为代表的18000名玉门儿女，高唱着"我们从玉门走来"，携带大批石油装备，参加波澜壮阔的松辽石油会战。以"铁人"王进喜为代表的玉门石油人勇挑重担，忘我拼搏，在白山黑水间用实际行动兑现了"宁肯少活二十年，拼命也要拿下大油田"的庄严承诺，使国家从此摘掉了"贫油国"帽子。1970年，在"跑步上庆阳"的口号声中，玉门全局总动员，局级领导三分之二坐镇庆阳，将三分之一的人员和二分之一的钻、采、修设备送到了庆阳三线，玉门油田14000人带着1348台（套）设备参加会战，成为建设长庆油田的主力军。

石油会战的峥嵘岁月

李敬 92岁 口述

1975年9月25日，李敬在宁夏盐池红井子十五井

李敬上学时的照片

1927年4月，我出生于陕西省宝鸡市扶风县。1952年8月随中国人民解放军第四军第57师集体转业（改编为石油工程第一师，简称石油师），从事石油事业。先后转战玉门、四川、大庆、江汉、长庆、新疆、胜利等油气田。担任过大庆第二探区副指挥、党委书记、钻井指挥部指挥，四川会战指挥部副指挥，长庆会战指挥部副书记、副指挥和原石油工业部副部长等职。

那时候石油工业的家底很薄弱，1949年中华人民共和国成立的时候，全国石油系统搞开采的、炼油的、卖油的，一共是16001人。1952年8月，石油师8000名官兵子弟后来都成为骨干。大庆还是一片草原，会战地区出现了大庆八一管线、八一路、八一村，甚至连军用的物资都支援会战。几万人在滴水成冰的北大荒，严寒冬天能不能熬过去，党政领导和广大群众都很担心。石油工业部领导认为，上有困难，下面困难会更大，决心坚持会战。那时候余秋里部长和康世恩副部长主持会战，号召只争朝夕，大家动手，干打垒、脱土坯、挖地窝……凭着自力更生、艰苦创业的精神，会战职工直面恶劣环境，甚至将生死置之度外。

我住干打垒房子的时候，上面是用砖砌的烟囱，风刮倒了，烟倒流，我煤烟中毒，全身烧伤百分之六。第二天，他们看我还没起床，来找我，看见我的时候我鼻孔流血，人都已经昏迷了。我穿了个背心，一动背心就把肉带下来了。正好当天赶上老婆从四川到大庆，同事到安达去接她。她一看来接的人都不认识，她也不好意思问，当然也没有人提我，因为接的同事还不知道我是死是活。等到老婆看到我成了那个样子的时候，眼泪瞬间掉下来了。当时有一口井井喷，我看见机关的同事跑来跑去，也不知道有什么事发生。我穿着背心抓起大衣跟着大家出去，等我回来的时候，身上都磨烂了，伤口一直不能愈合。回来以后每天拿个剪刀剪那块烂肉，我二女儿一见就吓哭了……

我从1960年3月至1966年6月，在大庆苦战6年多，在这6年多的时间里，我只在家吃过一碗饭。

金添 整理

老會戰

Part 01 —— 玉门油田篇

从抗美援朝到建设油田

段兴贵 86岁 口述

1980年,段兴贵和夫人在敦煌莫高窟前的合影

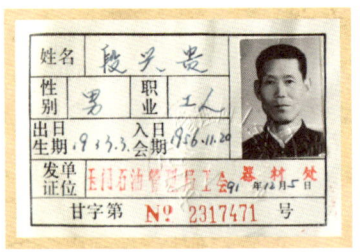

我1933年出生,1951年入伍中国人民志愿军,参加了抗美援朝战争,1958年加入中国共产党。

我参加抗美援朝战争时,给我发了一个搪瓷缸子,一直在用,虽然补了又补,但缸子上"人民志愿军"几个红色的字迹还是很清晰的。

我1951年9月参军,在人民志愿军309部队5师1营1连1排1班。入伍后,我坐火车从酒泉一路到东北。在次年2月,我们又坐火车到达了朝鲜,在新义州下的火车。

我参加的正是抗美援朝战争的第二阶段,这个阶段,我们执行"持久作战、积极防御"的战略方针,以阵地战为主要作战形式,进行持久的积极防御作战,也就是军事行动与停战谈判密切配合,边打边谈。

我们接到的第一个任务是在黑桥火车站旁的山下打一个巷道。那时,白天外面一个人都没有,一到晚上大家就全部出来了,路上人群密密麻麻。后来才知道,因为白天美国人的飞机到处轰炸。我们一个连6个班,大概不到100人,开始挖巷道。当时的工具只有钢钎、大锤、羊镐。我们1班不到20人,每天掘进最快只有1米。我们接到命令,要为建军节献礼,大家都没日没夜地干。那时支撑巷道的只有木头,一时间山上的树都被砍完了。每天头顶上一直有飞机在飞,外面枪声、轰炸声响个不停。在挖了3个多月后,那座山终于被我们打通了,后来我们一个高炮部队驻了进来。再后来,我们一路前进,不断地挖炮洞、打巷道,构筑防御工事。

1956年3月,我们来到了东海岸。在那里有座"马莲山",听说那时这座山被炮弹炸下去了3米。我还专门爬上山看了一趟,山上到处都是从地下炸出来的树根。在山上,可以看到"高瓦山",还有整个东海岸。同年我们踏上了返回祖国的归途,记得那时坐了三天三夜的火车才来到鸭绿江。在火车站,联合国协定委员会的外国人清点人数,他们冲着我们竖起了大拇指。后来,部队让我转业留在黑龙江。如果当时留在黑龙江的话,我有可能会参加不久之后的大庆会战。但我想家,便又一路火车回到了张掖,辗转到酒泉。

1956年7月,记得当时地里的麦子黄了,玉门油田保卫处来了2名同志,叫我去玉门油田工作,我就跟着他们来到了玉门油田。那时玉门油田百废待兴,许多年轻人和部队转业军人来到玉门支援油田建设,我还遇到了好几个战友。我那时在保卫处警察大队,一边在炼油厂巡路,一边参与修房子、挖管沟、平井场,什么活儿都干。记得1958年,朱德委员长来玉门视察,当时我就在他身旁,负责他的保卫工作。那首"玉门新建石油城,全国示范作典型,六亿人民齐跃进,力争上游比光荣!"的题词我还记得很清楚。

我印象最深的是1962年。那时全国都在闹饥荒,玉门油田也不例外。但是油田建设当时很重要,所以要保证油田的生活必备物资。为此,我接到了一个特殊的任务,就是到秦皇岛押粮。到秦皇岛时刚好是正月十五,这些粮食有11个车皮,全都是从加拿大进口的小麦,可想那时的粮食多么珍贵。为了看好粮食,我吃住都在车皮里。当我们的列车经过永登大柴沟时,也就是乌鞘岭那一带,列车要更换刹车瓦,结果一个车丢在了火车站。上级让我押着这个车皮,等待下一趟列车。当时我一个人在车里,不敢下车吃饭。特别是晚上,更是提心吊胆,生怕粮食有什么闪失。后来,车站的人带派出所的人来,我才吃上了饭。还好后来的列车把我押的车皮送到了武威,顺利和大家会合。从那以后,饥荒得到了缓解,玉门油田人们的日子也慢慢好了起来。

2019年,是中华人民共和国成立70周年,玉门油田开发建设80周年的日子,想想自己当年的那些艰苦岁月,觉得现在的生活特别珍贵。这些好日子是无数英雄儿女用鲜血和汗水换来的。

詹文亮 整理

从"开除"党籍到恢复党籍

高泗仁 82岁 口述

Gao Siren

我是山东高密人，与写《红高粱》的著名作家莫言是同一个地方的。1955年3月参军入伍，1959年退伍后在玉门油矿安排工作，当年3月份到了吐鲁番勘探处，在胜金口找油。到1965年最后一批回来。此后改了工种，到石油机械厂铸造车间从事热加工（铸铁而非铸钢），直到1994年1月退休之前都在石油机械厂工作。

铸造车间机器声很大，满耳朵都是捣鼓机"哐当哐当"的轰隆声。一天，发现自己的听力下降很厉害，到医院检查后说是耳膜震坏了，捏着鼻子鼓气不起作用。这种病没法治疗，治也不能完全治好，况且在车间头顶上就有天车过来过去，而自己却听不到，有很大危险，原来的工作是没法干了。负责任的医生写了诊断证明，建议调换工作。这样，我调到了厂保卫科，干些巡逻、门卫等工作。

我1956年在部队入党，1957年就是连队支部委员，直到1965年从吐鲁番勘探处调回来，始终担任支部委员。1966年，一场厄运降临到我的头上，那就是停止了我的党组织生活，党费还得按时交纳。

我的家庭、历史都没有问题，我始终相信党组织，一定会还我清白的。我大哥是一名老党员，原来是胶东游击队的班长，后来到部队，参加淮海战役时腿部负伤，就转业到地方当了乡长，得罪了一些人，被坏人诬陷，被迫签字认罪，判刑8年，关在潍坊监狱中。后来通过不断上诉，查明真相后大哥被无罪释放，但他儿子失去了顶班工作的机会。

我把党籍看得比我的生命还重要。1976年，刚好老君庙也有一名党员有类似情况没有恢复组织生活。省委组织部派人下来落实情况，召开专门会议，走访党员群众，广泛听取意见，拨乱反正。在党员会上，好多党员为我鸣不平，这样我恢复了党员正常组织生活。我感谢光明磊落的党，有错必纠。党中央带领全国人民全面实现小康，真是不简单、不容易。我年纪大了，不能为党做更多的事情，但经济上还算宽裕，决定用交特殊党费的方式表达我对党的拥护、感激之情。2008年，我在吐哈油田为子女照看孩子，从新闻上看到汶川大地震的消息，到当地党组织交纳1000元的特殊党费。他们说我的组织关系不在他们那里很为难，我说无论到哪里我都是一名中国共产党党员，他们只好收下了。最近我回到酒泉生活基地，又向我所在的党组织交纳了1000元的特殊党费。

赵治忠 整理

挥之不去的记忆

郁子良 75岁 口述

17岁那年，我来到油田大修厂当了一名油泵工。第一次见到魏国贤师傅，望着他那又瘦又小的身材，心里就想：他未必是个能干的人。

过了不长时间，我见许多一起进厂的人都能单独顶岗了，心里非常着急，跟在师傅身后问这问那。师傅看我有心学习，便手把手地教我。有一次，师傅让我单独上试验台校对V2-300柴油机油泵的供油量。两个多小时过去了，师傅问："校对怎样了？"我说："差不多。""差不多到底是多少？"师傅一下火了，"记住，油泵是柴油机的心脏，一丝不苟是干油泵工的要求。"师傅严厉地对我说。

我沉默着，把师傅的话牢牢刻在了心里。后来经过自己的努力，技术上有了很大进步，经班长和质量检验员检验，我修的油泵台台合格，师傅很满意。这对我的鼓励很大。

随着时间的推移，我和同事们都混熟了，没事常和人闲聊。一天，我正侃得高兴，师傅叫我过去，我心里很是不情愿，心想，跟一个老头子有什么好说的。师傅的表情很严肃，也很认真，他对我说："小郁，做人就要先学做事，会做事才会做人，交朋友也要有尺度……"听着师傅的话，我才第一次想到做人的内涵。

记得那是1964年的一天，我和师傅正在上夜班，外面下起了雨，厂房里也漏雨了。这时候，师傅的女儿跑到车间来说家里的房子漏得很厉害。我便从工具柜里拿出一大块塑料布递给了师傅："师傅，快回去挡挡雨吧。"师傅接过塑料布，看了一眼试验台上被漏进屋的雨水淋着的地方，默默地将它盖了上去，向我交代了一下，才走出大门。我的身体不由得哆嗦了一下。望着机床上盖着的那块塑料布，我想了很多，想了很久……

作为工人，劳保护具对我们来说很重要，不仅有利于施工作业，而且还可以有效地保护工人的生命安全。这一点，对于我来说深有体会——安全帽曾救了我两次。

记得1961年元月我在玉门油田技校参加勤工俭学时被分配到鸭儿峡油矿实习。一天，实习老师带我们去井上参观修井，临行前给我们每人一顶铝制的安全帽，讲了应注意的事项。我拿着安全帽戴到头上，嫌重又取了下来。实习老师看见了对我说："你别小看它，必要时它能救你的命。"我不以为然地又将帽子戴在头上。我们几个正在观看时，突然安全帽顶上"嘣"的一声，我叫了一声"不好"，拔腿就跑，随后又听见掉下几颗螺丝。当时可把我吓坏了，我摸摸自己的头，没事。试想，如果没有安全帽，将是怎样的后果？

还有一次，那时候到处都在深挖洞，我担任砌砖固洞的任务。我们采取架木槽的方法将砖块往十几米深的地道里运，我的任务是接砖，不知咋搞的，一块砖从木槽内飞出，朝我的头部砸了过来，幸亏戴了安全帽，只把头砸破了点皮。好险啊！安全帽又救了我一次。

前段时间听说多年不见的魏国贤师傅因病不幸去世的消息后，深感悲痛。回想起曾经和他相处的日子里，一件难忘的事情浮现在我的眼前。那还是35年前的一天，我驾驶着被职工们称为"蓝色桑塔纳"的翻斗车去料场拉料，魏师傅和我同去。他坐在翻斗车引擎的旁边，我手握方向盘，挂上高速挡，把油门踩到底，嘴里还哼着歌儿，向料场飞奔而去。就在车行驶到料场转弯处时，前面有一辆汽车急速驶来，眼看就要相撞。我手忙脚乱中，来了个离合器、刹车一起踩紧急制动。翻斗车差点碰到汽车的保险杠上，我的头也碰到了挡风玻璃上。我出了一身冷汗，很庆幸没有出事。正在我暗暗高兴时，听到翻斗车后边有人叫了起来，这时候我才想起还有个魏师傅坐在车上呢。只见他捂着嘴，含混地说了声"没事"。我也没在意，就开车拉料去了。

过了几天，我在马路上碰见魏师傅。他一见我就拍着我的肩膀，用很浓的甘肃临泽话说："老郁，你把飞机给开上了。"我一听来气了："你说这话什么意思？"魏师傅不慌不忙地张开嘴让我看，才发现他的两颗门牙没有了。我问他是怎么回事，他说："你好好想想，还不是前些天坐你的翻斗车给碰掉的，我怕说出来会扣你奖金，就没说。"望着魏师傅少了牙的嘴巴，我内疚得连忙向魏师傅道歉。不久，魏师傅退休了。我给他造成的创伤及他对我说的这些话，却让我终生难忘。

周蕊 整理

老會戰

Part 01 —— 玉门油田篇

我给玉门油田点赞

黄桂根 84岁 口述

1975年，黄桂根在玉门石油管理局机关总务科工作，照片为黄桂根前往青岛出差时的留影

1956年，黄桂根（左）在无锡当兵，右边是他的亲兄弟黄桂象，照片为黄桂象来部队看望他时拍摄

"玉门油田，中国首建，阳光风雨，一路成长……三大四出，五种精神，四个一样，催人奋进。再看当下，百年油田，目标明确，众志成城，奋力前行"。我的这首诗叫作《赞玉门》，是为玉门油田80周年矿庆写的。

我今年84岁了，能见证油田80岁的生日，我很荣幸。

我的家乡在江苏盐城，由于从小记性好，口才也好，经常给村里人讲课，还做动员工作。1955年我参军当兵，在中国人民解放军南京军区的军事教导营，负责给新兵讲课。1959年，响应国家号召支援大西北，我便转业来到了玉门油田。到这儿的第5天，我就被转调往吐鲁番勘探处，参与到了吐哈油田的早期勘探工作当中，那时我们在吐鲁番有3000多人。到了吐鲁番才发现，那里太荒凉了，没有路，到处都是戈壁滩，刮起风来感觉能把人吹走。虽然当时的条件苦，但没有一个退缩的，那时大家都在说越苦才越光荣。我们在沙漠和戈壁里一干就是4年。

从1958年开始，玉门油田就在吐鲁番盆地做了大量的地质勘探工作。全国"大跃进"时期，我们高唱"我们向大地宣战"的战歌，进军吐鲁番盆地，展开了为期5年的轰轰烈烈的找油会战。后来因支援大庆会战，所以在吐鲁番盆地找油工作就中止了。这也是玉门油田"三上吐哈"的第一次勘探，也是玉门油田"三大四出"的雏形。

从吐哈油田回来后，我来到了老君庙油矿，在注水站工作。那时我们有好几个班，我所在的这个班让我带了几个人干活。由于我当兵的时候在教导营学了很多知识，就给跟我一起工作的同事经常讲课，提高他们的思想认识，结果他们的工作积极性很高，没有一个偷懒的。我当兵的时候还学会了认地图，每个人都要管十几口井，我对井位记得特别快。每到月底，我们班的活都比别的班干得快。

后来，国家在大庆发现了大油田，我们大家都特别高兴。那时油田领导对中央的决策落实速度特别快，一听说要支援大庆会战，油田上下都行动了起来，出人、出设备，都是把最好的拿出来。油田支援大庆会战的力度很大，很多人被调了出去，我们油田各个部门也严重缺人；我记性好，所以就被调到了油田机关的经营科当会计。

在机关里的好处就是，消息很灵通，通过报纸得知，石油事业发展真的很快，特别是人民日报的有关评论、消息，关于石油的消息也特别多。而且大家对中央的决策很关心，我们每人都有一个小册子，大家都在学习理论、政治。再后来，又陆续发现了胜利、长庆、南阳、华北等多个大油田，特别是1970年，油田根据石油工业部的要求，在"跑步上庆阳"的口号中，迅速集结队伍、人员和设备，无条件地征战陇东，全力以赴保证长庆石油会战。本着要啥给啥的原则，全局端出了所有家底。要人给精兵，要设备给最好的，当玉门的发展与陇东的需要发生矛盾时，要优先满足陇东的需要。油田的4支地震队，人员和设备全部调往庆阳参加会战。井下处敞开大门，将占全处60%的272台设备运往庆阳。运输处几乎全盘端走，289台机修设备上了庆阳，光卡车就是149辆，还配备了足够的汽车修理人员。机械厂整建制地搬迁车间，油田全力以赴保会战，把困难留在老区，方便送往新区，急新区所急、想新区所想、供新区所需，父送子、妻送郎、夫妻双双去会战的情景随处可见。油

田倾其所有，在人力、物力、财力严重不足，经济形势十分严峻的情况下垫付资金，抽出优良设备和生产技术骨干又赴疆参加会战。在我工作的那些年里，一个个大油田被发现，玉门石油人东奔西走，为全国油田的建设立下了汗马功劳。

如今，玉门油田已经走过了80年，而且油田的发展也越来越好，这要感谢国家的政策和一代代奋斗的玉门石油人。玉门油田的艰苦奋斗、为油拼搏的精神很宝贵，那都是玉门油田从领导到工人一辈辈传下来的。有了这些精神，才让我们玉门油田的"种子"遍地开花，才让我们成为石油工业的摇篮。你们一定要把它传承好、发扬好，这是我们石油事业的根。

周蕊　詹文亮　整理

老會戰

Part 01 —— 玉门油田篇

我曾经和赵宗骝在一个岗位

吉荣森 84岁 口述

Ji Rongsen

1971年春节，吉荣森的夫人从四川老家带着两个孩子来玉门探亲，大女儿四岁，小女儿只有六个月，一家四口在南坪照相馆拍摄了这张全家福

我出生在四川西充的农村。1958年川中会战开始，我们四川掀起了支援石油建设的热潮。要想干石油，就得懂石油，我们前去招工，招工前必须先到玉门油矿的技校上课学习，于是我们一批人就来到了玉门油矿。

培训了一段时间后，我被分到了老君庙采油厂。我的师傅叫张志心，带了我整整半年，什么知识都教我：油井、水井怎么管理，井口设备怎么保养，井上出问题怎么判断和处理。我学得很快，半个月就能独立顶岗。在这过程中，有什么不懂的地方去找师傅，师傅都会很有耐心地给我讲；有时候，还用画图的方式把每个设备的原理和工作方法讲给我听。但是，半年后师傅跟随大庆会战的队伍走了，当时我很伤心。

1961年，我所在的地方被更名为老君庙三油矿，我成了10号选油站的采油工。当时三油矿有7个选油站，选油站负责对油气进行分离、计量和储存，然后将原油运输至总站。我们不仅要保证计量准确、安全输送，还要根据上面产量要求和油井的生产情况，给各个岗位下达产量任务。每个选油站管理着二三十口井。后来随着油田搞自动化，很多选油站开始了自动计量。

不久，我被调到了老君庙一油矿二区队，一油矿就是负责老君庙西山的油区，这时候油矿的很多油井出现了问题。因为，当时不仅仅支援松辽会战，还有江汉、胜利等油田也陆续开始会战；当时成熟的油田只有玉门，所以理所当然的玉门要往外输送人才、设备。可想而知，当时的玉门油矿任务有多重。几乎经常一天就好几道调令，人员设备大量外调，生产任务却有增无减，加之设备陈旧失修，整个油田的产量掉得厉害。玉门油矿很快发现了这些问题，首先需要做的是加强油水井管理。我们开始全面地进行油水井普查，每口井去录取资料和井单量。然后就是加大岗位责任制检查的力度。岗位责任制就是在我们油田诞生的，为了提高油井设备完好程度，我们利用工余时间，到井场上维修保养、擦拭调整设备，铺路平井场，还有学习教育。当时为什么产量会掉下来？不仅是人员大量外出，管理也很松散，还有一部分原因就是，当时都忙于各油田的会战，思想教育放松，人心涣散。所以油田开始加强思想政治教育，白天上班，晚上上课，学习毛主席的著作。慢慢地大家都定下心来，开始踏实安心工作，产量也慢慢回升。

因为我工作还算细心，所以哪个岗位不达标，矿领导就把我调到哪个岗位，去帮助这个岗位干好工作。结果有一年，我连着被调了4次岗位，调到最后一个岗位的时候正值年末，各项工作刚刚开始展开，岗位考核、产量任务自然都没有达标，结果我这一年的年终奖就没有了。

后来，我被调到了离老一井很近的3号岗位。那时正是特殊时期，很多工人不上班，结果岗位就我一个岗位长上班。没办法，我就只好住在岗位上，住了好几个月都没离开，所有的工作都我一个人全包了。有次星期一，我们岗位上来了一个人，我一看，这不是赵宗骝么？因为某些原因，赵宗骝成了"整改"对象，他被下放劳动改造，我和他一起待了一个星期，每天同吃同住同劳动。他是一个性格非常好的人，什么工作都干，而且干得非常好，之前他刚去修井队上劳动改造过。

在油田的30多年，我也会想家，但是当时一年只有12天探亲假，一般单位都是让我们攒够两年才准许我们回去一趟。从玉门到我家一般路上就得走3天半，玉门到绵阳的火车得走3天，然后我还得坐班车回家，来回共有7天在路上，而且还是硬座，卧铺都是给出差的人员准备的。家里有父母，所以每次回家还是很激动的。

在油田工作37年，回忆起来，有苦有乐，但更多的是幸福。有时候还会再想起我的师傅，后来因为各种原因，我们断了联系，也不知道他是否还健在，如果健在也有90多岁了。如今我84岁了，有幸能见证玉门油田开发建设80周年，这是我当年来到油田没有想到的。这里成为培养我、成就我的地方，成为我愿意为之奋斗一生的圣地。

周蕊 整理

The Petroleum Veterans

康东锁 81岁 口述

与人为善是石油人的本性

Kang Dongsuo

我1958年从陕西长安来到玉门油矿石油技工学校上学，1961年分派到了鸭儿峡油矿二区队工作，先后当过修井工、采油工。参加工作的初期，正赶上三年困难时期，那时候玉门油矿的生活和工作条件都极为艰苦。

玉门当时还支援别的油田搞会战，油田本部就没剩下什么好东西。玉门人为了工作，真是不等不靠，就靠自己，所以就有了勤俭节约的老传统，我印象最深的就是"一厘钱"和"穷捣鼓"精神。从我工作开始，就学着师傅的样子，随身背一个箱子，遇到丢弃的螺丝钉、铆钉之类的零件都会收入这个箱子，工作中如果要修设备、补工具，就从这个箱子里面找，所以老鸭儿峡人称这个箱子为"百宝箱"，我叫这个箱子为"节约箱"。到现在，油田很多年轻的石油人还在坚持这个传统，不过他们都背着"节约包"，不背箱子了。

鸭儿峡气候非常恶劣，雪可以下到齐腰深，大峡谷里雪几乎和人一样高，非常容易迷路，一旦掉到哪个山窝窝里，找都找不见。可是石油工人就是不服输，为了抢修躺倒的油井，几天几夜不下钻台；为了完成任务，他们用脸盆从油坑里捞油；为了早早赶到岗位上，坐的是敞篷的大卡车，凛冽的寒风能把人冻成冰棍；穿的是四十八道杠的棉工服，吃的是冻成冰疙瘩的凉馒头。就是在这样的条件下，我们所有人从不叫苦，更没有一个人打退堂鼓。

在一线工作了7年后，我的命运发生了转折，我当上了鸭儿峡油矿的一名小队指导员。有一次油田领导到队里检查岗位责任制落实情况时，我就在汇报工作时加了一段自己编写的快板书，给油田领导留下了深刻印象。那时候，油田工会正好缺人，我就被调到了局工会文化宫，当了主任。打那以后，我创作快板书的热情便一发不可收拾。

我虽然读过书，但是文化底子相对较薄，所以我就喜欢多看书、结交文人。记得当年"唐都笔王"刘平被派到鸭儿峡油矿劳动，当时刘平算是个烫手的山芋，谁都不敢要，我就抱着爱惜文人的心态，自告奋勇把刘平放到自己身边当徒弟。有一天晚上，我发现刘平闷闷不乐地一个人站在山梁上，我就静静站在他身后，也不敢出声，就想看看他要干什么。他站起来又坐下，似乎在犹豫着什么，突然他一声叹息。我突然反应过来，他想轻生，赶忙从后面拉住了他。我文化底子不高，说不出大道理，但是我就和他坐在山梁上，给他念叨一些家长里短，说一些简单的道理，就这样把刘平劝了回来。后来，刘平声名远扬一字值千金，在他80岁高龄时，还给我写下了"摇竹一手雨，摘橘满手香"八个大字。我当时拿着这份礼物，泪如雨下，同时又感到很骄傲。我对待每一个人都是这样。我觉得人一生不容易，冤家宜解不宜结。

1968年8月18日，康东锁在鸭儿峡油矿工作，80岁高龄的老父亲从陕西老家不远千里来到玉门看望儿子，父子两人在北坪照相馆拍摄了这张珍贵的照片

我还在工作的时候，有一次要去局机关供应科买菜，儿子交代一定要把香菜买回来。香菜倒不贵，一把4角钱，可是好巧不巧我口袋里只有3角钱，三分钱难倒英雄汉，当时我怎么求卖菜的人，他就是不卖，也不给赊账，也不给拆开卖。我差1角钱没有买回儿子念叨的香菜，回到家以后，我就特别难过，还哭了，我哭自己没本事，也哭人情淡漠。数年后，我在剧场看戏的时候，又见到了这个人。他当时患了腿疾，走路不方便，在上楼梯的地方挣扎了半天也没上去。我在旁边静静地看着，脑海里浮现出当年他刻薄的样子，但我也看到了他渴望帮助的眼神。我不假思索快步走上前去，搀扶着他慢慢挪上了台阶。再往后，我遇到这个人就像老熟人一样问候聊天，每次反而是他不太好意思。

我的人生因为扎根戈壁而精彩。因为我是一名石油人，也很庆幸我是玉门油田人。我希望能把油田这种积极向上、坚韧不拔的品质用自己的方式传承下去，不仅在油田80周年，更是在油田100周年的时候，仍然一派繁荣景象。

周蕊 整理

The Petroleum Veterans

我和油田农副业的不解之缘

马心瑞 81岁 口述

Ma Xinrui

我1958年来到玉门油田，至今已经有61年了，对当时选择来油田的情形，仍记忆犹新。

1958年9月，玉门油矿勘探公司到我们县招工。当时我所在的民勤县生活并不富裕，去外面找工作是年轻人最好的选择。来招工的单位也很多，但是玉门油田名声最大，加之当时全国倡议支援油田建设，所以我义无反顾地选择了玉门。我们村还有其他三个人和我一起来到了油田。

我们坐着火车，看着一排排的白杨树就到了玉门东站。来油田之前，我们并不知道自己要干什么，勘探公司是负责什么工作，过来之后才知道，勘探公司就是负责钻井前后的一切事宜。听说能和钻井打交道，我十分激动，不过在正式入职前，我被抽调去炼了三个月的钢铁。

1959年我回到公司，进入装建大队。这部门是专门负责新井的钻前工作，也就是推井场、推路、立井架、连接水电等工作。玉门矿区的油区都在山里，几乎没有平整的路，要想打井，就必须先推路、推井场。但是山里的大石头很多，就得用炮炸。每天早晨，我们根据新井定位，去井场附近打炮眼，等下午工人都回去了，我们就开始放炮，把大石头全部炸碎，然后用小推车，一车一车地把碎石运出去。因为全靠人力，所以工作效率很低，平推一井场需要十几天，甚至一个月，然后开始立钻机。钻机也是，要一截一截地组装起来，再找吊车往上吊。那时候吊车、推土机、挖掘机都很少，活很多，都忙不过来，所以我们周日也不能休息。

没过一年，我被调到了管理局农牧处。当时是三年困难时期最困难的时候，管理局为了稳定队伍，让大家能够"吃饱肚子搞生产"，开始狠抓农副业。当时石油工业部部长余秋里还来到玉门油矿，落实"三硬一软"等措施。油田就从各单位抽调了一部分人开始搞农副业。我被调到农牧处就是为了协助筹建农场。我们去了好多人，一部分人到农场种庄稼、种蔬菜；另一部分人到山里去放牧、在农场养羊、养牛、养猪。

当时有个很有意思的事情，我和我们村另外三个人一起来的，我们四个人关系很好，就是想干什么都在一起。我本来是没有被抽出来去搞农业的，因为我学什么东西都快，那时候已经是我们装建大队的生产骨干，我们队也不想让我出来。可是我同村的一个同志同时被抽出来要去搞农业，他不

1983年2月5日，马心瑞作为先进代表参加玉门石油管理局生活服务处年度先进表彰大会，大照片为当时全体代表的合影

想去，他就想让我帮忙去说说，让他留下来。我就真去给领导说了。结果领导说，你们关系这么好，刚好去种地的人还不够，你就陪他一起去吧。结果我就被调到农牧处了。我们刚去种地时间不长，就听其他同事说，我们装建大队留下的那些人，整体全部支援大庆会战去了。所以我也是阴差阳错没去成。虽然觉得自己没有去成大庆有点遗憾，但是我在玉门，一直都能感受到会战的气氛，因为那时候全国无论哪里会战，最紧张、最忙碌的永远是玉门。

到农牧处后，一开始我们几个人就被分到了武威市。武威市城北20多公里处有一个叫双城公社高头沟大队的地方，那里有一大片庄稼地，农民不种了，我们就把地租过来自己种，种出来的粮食蔬菜都运回油田。就这样在这里种了一年的地，后来被叫回油田，又去了玉门镇附近的青山农场。这个农场原来是犯人劳动改造的地方，后来也荒废了，但是农田很好，我又开始在这里种地。种了一年后，我又被叫回油矿。这次把我调到了面粉加工厂。这个面粉加工厂是油田和地方粮食局合作开的，我们帮忙加工粮食，加工剩下的副产品归管理局。刚开始我们是磨80粉，就是100斤小麦出80斤面粉，其余是麸子，这些麸子就归我们，这些麸子可以给农场的牲口吃。但是随着要求越来越高，我们就开始磨90粉、95粉，到最后就是全粉，我们的利润空间就很小了。

1981年，马心瑞当时刚调到玉门石油管理局农场工作，这张照片是当时生活公司生产科领导前往农场检查工作时拍摄的，照片中马心瑞（左一）正在向检查组一行人介绍农场的情况

周蕊 整理

The Petroleum Veterans

老會戰

Part 01 —— 玉门油田篇

王茂基 78岁 口述

Wang Maoji

目睹人背钢丝绳修井的修井人

我1958年从甘肃省武威的一个农村家庭被招工到油田工作，兴奋和喜悦之情很快就被油田的艰苦生活和恶劣环境所淹没。

刚来油田的时候，我才17岁。10月份的玉门油矿风大气温低，我们一起来的有53个人被安排住进了草皮房。房子四面漏风，不大的房子里放满了铁架子床。我们刚来的时候，都没有铺盖卷，单位就想办法给我们找了几床被子来。只有被子，没有褥子，怎么办？带我们来的师傅就教我们，把被子一半压到身子下面当褥子，另一半盖在身上，就这样子我们住了很长时间。后来，我们就发了棉工服，因为房子里太冷，我们睡觉的时候都不脱衣服，和着衣服睡觉。刚开始不能忍受，慢慢地也就习惯了。

我一来就被分到了运输处管理科工作。一直到1960年，大庆会战开始，油田大量的人员和物资被抽调到大庆，因为大量的人财物去援建，玉门油田的油产量、人员也一下子紧张了起来，为了保持油田产量，油田内部也开始了生产会战。1960年3月，管理局团委从各单位抽调了108名员工前往老君庙采油厂的干油泉去收油，当时的局团委书记同文还代队长。干油泉这个区域很奇特，就是油层很浅，安装抽油机抽油，一天没多少油，还经常抽不出来，但是不抽的时候，它又自己往外冒油，所以1960年油产量紧张的时候，我们就到这个地方去收油。我们108个人，100个男的，8个女的，当时好多人称我们是"108名收油好汉"。我们在这个地方干了3个月，随后就被留到了老君庙，填补前往大庆会战走掉的人的位置。

当时，我们在干油泉收油的时候，也看到了我至今难以忘怀的场景——人背钢丝绳修井，其实这也和大庆会战有关。当时油田支援大庆会战的时候，几乎把全部的钻修设备都调往大庆，油田没有了修井设备，有些油井就只能处于关停状态，原油产量不太理想。为了恢复产量，必须修井，没设备，就只有用人力。油田组建了一支群众修井队，这支修井队是由采油工、机关干部、其他工种，甚至包括后勤部门组成的，大概有五六十人。他们肩扛钢丝绳，排成一排，把近5吨重的抽油杆和油管从井口一根根拉出来，油管有多长他们就得往前走多远，然后把拉出的油管、抽油杆一根根排列好。那个钢丝绳又粗又硬，修井人员的肩上都被磨得全是血印子。虽然辛苦，但却没有人松手。一旦松手，就会突然少了一分力，大家抓不住，5吨重的油管就会把钢丝绳全部

1962年5月，刚参加工作不久的王茂基，只有12天的探亲假，王茂基回武威老家探亲时匆匆拍摄了这张照片

拉到井下，把人也全部拽倒，很危险的。

我在修井队的这十几年，周围的人也有陆续出去的，当时去大庆、胜利、江汉、河南等油田的都有。我当时写申请也想去，领导出于私心，就找我谈话说："已经把好的设备、大部分的精兵强将调出去了，得留几个能干的，要不玉门油田怎么办呀？"领导这么一说，我想出去的火苗也熄灭了，俺就留下来好好干吧。

那时候，什么防喷器呀，液压钳呀，听都没听说过，修井过程全凭人力。只要一提油管，那连油带水就全部喷出来，淋得满身都是。大家就赶紧到土窝子里滚一圈，用土把油凝固在工服的表面，这样油就不会浸到棉衣里面。有一次，我干完活，正值周日，队上就把我们拉回家。我站在家门口，我媳妇都不认识我了，看着我就问："你谁呀？干什么的？"当时我眼泪差点掉下来，后来我媳妇看了半天才认出我来。

20世纪70年代，开始了陇东会战。我的岗位也再次发生变化，调整成了一名调度，负责调派车辆和人员，这一干又是十几年。

回首自己的工作生涯，没有遗憾的时候。我刚来油田的时候才拿着30多元钱的工资。1972年，管理局对工资进行了一次大的调整，我涨到了60多元钱，涨工资的第一个月还给自己买了一块手表。油田经历了一次次的机遇和挑战，迈过了一个个坎坷和困境，如今仍然在拼搏。作为老玉门人，我感到非常荣耀和自豪，也很庆幸自己没有离开这片热土。

周蕊 整理

The Petroleum Veterans

张希文 85岁 口述

Zhang Xiwen

第一个见到酒泉解放的人

《步步高》《彩云追月》《山乡春早》……我刚来玉门油田的时候天天唱这些耳熟能详的广东音乐。1958年,我开始上班,宿舍就在解放门不远处。那时也没有什么文化活动,每天听听影院里播放的广东音乐,拉着一把老二胡,即使是生活很艰苦的时候,也觉得很享受。

我是地地道道的酒泉人。1949年9月的一天,酒泉市里的人们奔走相告,说解放军要来,市里的人都跑出城躲到了周围乡里的亲戚家,我们家是最后一批逃往城外的。前一天,酒泉河西警备司令部的一个库房发生了爆炸,烧得很厉害。我们出城的时候大概是凌晨4点多,当时整个天都是红色的,家里的一个老人领着我往出城的方向跑。在跑到北大桥的时候,我们就听见远处传来坦克的轰鸣声,然后我们赶紧躲在了路边上。一会儿,路上就开过来了十几辆装甲车,没想到的是,车上有一个解放军战士在向我们招手,除了能看见他的牙很白,其他什么都看不见。

当时,酒泉即将解放,国民党西北军政长官公署下令所有学校全部停课。同时,加强了城内警戒,大肆进行反共宣传,到处散布谣言,妄图以谣言蛊惑人心,控制舆论。

后来我才想到了,一直有个人经常到我家来,戴着个两层镜片的眼镜,衣服已经磨得花白。那个人可能就是地下党。我父亲那时在家里做了好多牛肉干,然后用细长的布袋子装上,那个袋子跟解放军的干粮袋一模一样。中华人民共和国成立后,解放军还住在了我家,他们蒸好了米饭,叫我们一起吃。那时候才知道,解放军是好人,跟国民党说的完全不一样。后来,解放军代表又跟国民党谈判收回玉门炼油厂。听说那时国民党的一个炮兵部队就驻守在炼油厂旁边,当时谈判的氛围特别紧张,稍有不慎炼油厂就会被炸毁。解放军代表真厉害,最后还是和平地从国民党手里收回了炼油厂。

1958年,我到玉门油田工作。刚进油田就到石油技校去学习,学的是内燃机燃料,3年后毕业就分到了玉门炼油厂,那时的炼油厂叫达布斯炼油厂。因为炼油厂有一套达布斯热裂解设备,炼油厂就因此命名。当时炼油厂的设备很先进,基本上都是美国和德国进口的装备。我们那时候的干劲特别足,每天跑流程、学技术,感觉总有使不完的劲。因为大家都知道,是人民当家做主了,所有的活都是给自己干,

1968年,张希文与同事在办公楼前合影

没一个人偷懒。那时的文化活动也很丰富,可以说是百花齐放。我们炼油厂在当时还组建了篮球队,我是队长。我们热裂解装置还分来了20个女同志。当时一下班,我们就和苏联专家去舞场跳舞,那时特别流行广东音乐。

1966年,那时候我的身份比较特殊,因为父亲是地主,我被分配到了农村劳动,一直到1979年,我又回到了炼油厂。再次回到炼油厂后,周围过去的铁丝栅栏已经变成了围墙,马路也变成了柏油路,装置也增加了许多。炼油厂每年都有很多技术改造。后来真的很感慨,我们的国家真的是越来越好,越来越强大了。虽然当时的环境让很多人受了苦,但是每一个国家的发展都不是一帆风顺的,有了那时的曲折,才有现在的繁荣。

詹文亮 整理

1986年,张希文在炼油厂器材科工作,照片中的他正在做结算工作

The Petroleum Veterans

赵和元 83岁 口述

曾和603岗位一样响亮的名字

Zhao Heyuan

1960年，我进入原老君庙采油厂五队。当时的油田不仅要面临三年困难时期的困境，还要抽调大量的人员设备支援大庆会战，油田为了保住产量，也在不断地开展会战，希望能凝聚人心，大家干好自己的工作。

当时，采油工实行三班倒，每个班都必须按照规定完成管辖范围内所有井的采样工作。属于自己管理的井都要跑到，上山、下山都是很寻常的事，遇到坡度大的地方还要手脚并用。比较难熬的是上夜班，晚上11点接班，一番准备工作后凌晨1点开始查井、跑井，每一个环节都不能马虎，每次夜班采样都要到次日凌晨5点以后才能做完。

有一年的冬天，天气特别冷，在井口放刮蜡片的时候，由于温度太低，操作很困难，我就把手套脱了再去放，感觉手都要冻在设备上了。前8口井的检查工作做完了，到最后一口井刮蜡片却怎么也放不下去。一看，阀门被冻坏了，关不掉，一使劲，刮蜡片又掉下去了。这可是事故呀，掉下去的刮蜡片很容易顶钻。我就很郁闷，觉得这活干的，怎么比当兵还苦呢？但是，工作还得继续，第二天我就起罐、修阀门，终于取出了刮蜡片。

那时候油井结蜡情况比较严重，采油工每天都要用刮蜡片刮蜡。起罐的时候，由于器械数量有限，有时候是四五个人一边垫砖，一边用绳索拉，硬是依靠人工将大罐拉起来修理油井。有时手、脚、脸都被冻得麻木了，即便这样也不能耽误工作。我就想，每年都有退伍军人来油田工作，我们先来的必须给他们带好头。

还记得有一次，一口井检泵完井后要投产。当时恰好下了大雨，井场中垫的黄土全部被打湿，有的地方甚至开始流淌着黄水，脚下踩着泥，鞋里浸着水。我发现抽油机的中轴承与尾轴承有点脏，为了不把抽油机踩脏，我就脱了鞋爬到抽油机上拿着棉纱将它们擦干净，直到完成了清洁工作后我才下来。其实这都是很小的事情，但却是我们当时必须做的事情。

两年后，我开始担任老君庙油矿老五队763岗位的岗位长。那时候，老五队已经有了9001和755这两个标杆岗位，相比之下，763是一个较为落后的岗位，我也想把我的岗位搞成先进岗。我坚持外学603、内学9001和755的原则，对岗位进行了标准化建设，井口横平竖直一条线，小到4条井口法兰螺丝的螺杆必须冒出两个扣。在井口不放过任何一个

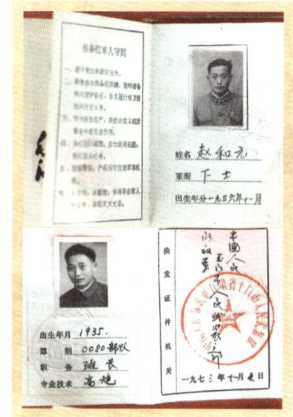

赵和元当兵时的士官证（上方士官证是1955年赵和元在浙江杭州当兵时部队所发；下方是赵和元转业来到玉门油矿工作后，中国人民解放军玉门市人民武装部给他换的新证）

死角。那时候实施单井打分，用白手套判定井口卫生，专查不易让人看见的死角，只要在白手套上留下一个黑印那就是不合格。但是，生产条件有限，我们也要勤俭节约，井口用的蒸汽皮带坏了都不领新的，我们岗位上的人就把废料堆里的旧皮带接起来用；七分光杆的盘根磨损了，也不扔，再把它们用到一寸的光杆上，就连一个工具袋也是破了补，烂了缝，连续用了3年。在革命的道路上，只能脚尖向前，决不能脚尖朝后。

搞好基础工作的同时，我对每口井"望闻问切"，就是要落实"一井一策管理制度"。有一次，我通过分析发现有一口井地层供液不足，渗透性差，立即向领导、主管地质业务组汇报，要求给这口井进行压裂增产。当时对待这个问题出现了分歧。大部分人认为压裂不会产生任何效果，但我坚持自己的观点，带人深入分析。后来我的坚持也得到了领导的批准。压裂后的效果非常好，由以前的一天四五立方米迅速上升到十五立方米左右。在我和岗位同事的共同努力下，763岗位名副其实地成了老五队的又一个标杆岗位。

玉门油田作为中国石油工业的摇篮，第一口油井的出油，让中国从此甩掉了"贫油国"的帽子。起初我们的油品运往抗日前线支援抗战。那时，无论男女，我们都有着平时为民，战时为兵的胆量。而现在，这片土地养活了我们一代又一代的石油人，他们战风雪、斗寒暑、跨戈壁。如今，虽然我老了，但是年轻的一代石油人已经扛起了重担，我相信，油田的明天会更好！

1979年11月12日，赵和元作为职工代表参加玉门石油管理局老君庙油矿第三次代表大会，照片为全体代表合影

周蕊 整理

老會戰

Part 02 —— 青海油田篇

1954—1961

1956年4月，青海石油勘探局机关由西宁迁至茫崖。1958年，青海石油勘探局对勘探方针进行调整，提出"撒开大网，分散钻探，四面出击，遍地开花"的方针，同时调集了54部钻机在39个不同的构造上进行钻探；6月23日，3292钻井队在狮子沟花二井进行钻探，井口大量喷油，日产量达百吨；9月13日，1219钻井队在冷湖五号构造地中四井钻至650米后，先是出现井涌，继而发生强烈井喷，日喷原油800吨，连续畅喷了三天三夜。

最能吃苦的就是石油人

李建国 65岁 口述

Li Jianguo

1980年6月，海西兵部对青海石油管理局各单位抽调人员进行集中培训

我是宁夏人，1954年出生。1972年在84542部队服役，1978年进入柴达木盆地，先后从事管工、司机工作，2005年退休。

以前听说，冷湖很冷。进入柴达木盆地，我在冷湖油建工程处基建队工作，那会儿的冷湖真是荒凉。

修路、建桥、架管线，由于工作性质所致，他们这一群人没有固定的工作场所。哪里有工程，哪里就是家。在野外施工，每个人都灰头土脸，曾流传着"干部职工分不清，职工民工分不清，男女职工分不清"的顺口溜。常年在外地施工，照顾家庭的担子便落在了家属身上。

由于工作需要，我被调去车队当司机。吃的、穿的、用的，基本都得依靠我们一趟一趟往工地送。蔬菜装上车，怕停留时间长了会腐烂，便第一时间发车送往工地，无论是白天还是黑夜。由于当时路况差，几百公里路经常要跑20多个小时，我们不仅要克服身体的疲惫，还要克服恶劣天气带来的行车难题。

时至今日，我还记得乌图美仁乡可怕的蚊子。有一次，车子在乌图美仁乡爆胎，当时天气很热，蚊子特别多，换个轮胎的工夫，蚊子便爬满全身；用手背擦完汗，才发现手上全是血。

工作那几十年，不是在长途跋涉，就是在运送物资的路上。几乎跑遍了柴达木盆地的昆北、南翼山、涩北等每一个油气场站。

暴海宏 整理

冷湖，现在『热』起来了

宋润生 77岁 口述

Song Runsheng

我是1942年出生，甘肃人。1965年进入柴达木盆地，从事炼油工作，1997年退休。

冷湖炼油厂建设之初，技术力量缺乏。1965年我们积极响应号召，从兰州炼油厂调往冷湖炼油厂，从事炼油工作。随后，参与花土沟炼油厂筹建工作。工作期间，我也是尽己所能，为油田炼化事业贡献了技术力量。

在兰州炼油厂工作期间，都是在食堂吃饭，从来没有因为柴米油盐发愁。来到柴达木盆地后，吃饭让我直犯愁。工作地周围只有一个小卖部，东西也是少得可怜。

现在回想起以前，冬天的时候，白菜冻得像石头一样硬，人站到上面踩都踩不烂。做饭最发愁的是白菜炒不烂、煮不烂，只好请教身边的同事才找到窍门。后来，每次做饭前，将白菜用冷水泡，直到泡软乎了，再下锅做饭。

暴海宏　整理

我与柴达木盆地续下了一段缘分

万方荣 97岁 口述

Wan Fangrong

我叫万方荣，1922年出生，今年97岁，河北人。1949年1月加入中国共产党，参加过抗美援朝，被授予"朝鲜人民民主主义共和国国际战斗英雄"称号。在新中国建设和青海建设中因为贡献突出，被收录进《共和国奠基人——青海卷》。

参加抗美援朝时，1000多人的部队在一次战役中只剩下300多人，我所在的连只剩下19个人，我一个人死守一方阵地七天七夜。子弹像雨点一样，一波又一波袭来，有一颗最要命的子弹打在了我的钢盔帽檐上，但我却幸运地活了下来。

由于这样的幸运，我与柴达木盆地续下了一段缘分。退伍后，我本可以留在北京工作。那会儿提倡"我为祖国献石油"，我就放弃了在北京工作的机会。"战争年代，我要拿起枪保家卫国。中华人民共和国成立了，我要搞石油，支援国家建设。"

1954年，我来到柴达木盆地。这里高寒缺氧，艰苦荒凉。工作期间，我担任轻便钻井大队队长，在油泉子、大风山、南八仙打井。装备落后、环境艰苦，始终没能磨洗掉军人的作风。打多少进尺，人员设备怎么调配，都要现场详细计算。轻便钻井大队曾以月进尺7700米的成绩刷新全国纪录，我也被评为全国石油系统"标杆队队长"。因为我的工作业绩，还被派往克拉玛依参加石油会战，为新中国石油工业发展作出自己的一点贡献。

暴海宏 整理

The Petroleum Veterans

Part 02 —— 青海油田篇

干石油我不后悔

王礼泉 86岁 口述

Wang Liquan

1981年，王礼泉在天安门前留影

1980年，王礼泉在北戴河疗养

我叫王礼泉，1933年生，今年86岁，陕西人。1956年随解放军55师164团进入柴达木盆地，在钻井队从事钻工、副司钻工作；1962年在冷湖炼油厂工作；1987年调动至档案馆；1992年退休。

"石油工人苦不苦，一天要吃二两土，白天吃不够，晚上再来补！"这是我们那时候常说的一句话。我1956年进入柴达木盆地，映入眼帘的荒凉场景，当时为之一惊。那时候，物资匮乏，食物短缺，每顿饭只能吃一个面包，根本吃不饱。风特别大，刮起来就没完没了。我还记得，来时的路上，不小心把面包掉到了车下，正要下车去捡的时候，被引导车司机狠狠地拦住了。司机告诉我，风沙这么大，下车会没命的。

住的地窝子，每天听着呼啸的漠风睡觉；吃的是海带炒腊肉，新鲜蔬菜几乎吃不上，半个月洗不上一次澡，是我们这一辈人那个年代的记忆。即使这样艰苦的环境，也没打垮我们找油找气的意志。

我这一待就是一辈子。

暴海宏 整理

过去不堪回首

薛怀兴 83岁 口述

1980年，工作时期的薛怀兴

我叫薛怀兴，1936年出生，今年83岁。1957年进入柴达木盆地，从事野外勘探；1992年退休。

可以说我在柴达木盆地搞了一辈子油气勘探工作，几乎踏遍了柴达木盆地的马海、南八仙、冷湖、牛鼻子梁、油砂山、茫崖等每一个角落。

柴达木盆地留给我最深的记忆就是艰苦。每每到野外，风沙都特别大，刮起来眼睛都睁不开。粮食短缺，一个饼一碗汤，刷牙洗脸一缸水。帐篷装到车上，走到哪里住到哪里。由于路是"搓板路"，车子还没有人步行走得快。

那个年代，大家都有长征精神，没人讲艰苦，一心想着为祖国献石油，苦活累活大家都抢着干。有一年，在乌图美仁乡施工的时候，由于夏季雨水多，车辆无法通行，我们只能调整作业工期，克服严寒，选择在冬季施工。

还有一次，车子在前往涩北探区的路上抛锚。那个地方前不着村后不着店，蚊子还特别多。留在原地，不仅面临沙尘暴袭击，还有可能因为缺少食物面临生命危险。我们只能推着车子一摇一晃往工区赶。由于体力透支过大，大家都处于严重的脱水状态，靠喝自己的尿液，才保住了生命。

暴海宏 整理

老會戰

Part
03
——
克拉玛依油田篇

1955—1958

1955年1月，全国石油勘探会议举行，把新疆确定为重点勘探地区之一。经过半年的准备，1219青年钻井队由独山子开赴黑油山。1955年7月6日，南侧1号井开钻；同年10月29日完钻，次日喷油。1956年投入试采，年产原油1.6万吨。截至1960年原油产量高达163.6万吨，占当年全国天然石油产量的39%，是大庆油田投入开发之前全国最大的油田。

业克别克·克对别克

放羊的孩子

78岁 口述

Yakebieke Keduibieke

1978年12月，中共新疆石油管理局技术作业处第一次代表大会合影

1962年8月，乌鲁木齐石油学校（独山子石油学校）的毕业证

我小时候是一个放羊的孩子。1949年，共产党把我收养回来，给我分了地、房子和牲畜，把我安排到乌苏市的一个孤儿学校上学。在共产党的培养下，我初中毕业考到乌鲁木齐石油学校，1962年毕业后成为一名国家干部。

上大学的时候，生活非常困难，经历了三年困难时期，没有机器、设备，我们几千个学生用手和铁锹挖水库、修铁路。

1962年毕业分配到克拉玛依钻井处，我们住地窝子。虽然条件艰苦，但是那时候年轻，在毛泽东思想的指引下我们干劲也大。经常会因为等不及运输设备，又为了不影响工期，我们就人工将钻杆一根一根从克拉玛依肩扛到30公里开外的白碱滩作业现场。

回顾当年，最难忘的是1965年我跟老伴结婚。当时我们俩没有房子住，钻井处的领导得知以后，给我们找了一个废弃的没有顶的土块房，帮我们修了顶子，简单装修了一下就成了我们的新房。但是没过几天，一场大风把我们的房子吹倒了，我们又没地方住了。这时候，钻井处的领导又安排我们到一个老乡家里面一块去住，一住就是三个月，一起吃窝窝头、大白菜、喝碱水，白天晚上出门都不锁门。因为条件艰苦，家里面也没有什么值钱的东西，所以不用锁门，晚上直接就在门口院子里睡觉，但是当时依然感觉特别幸福。

工作以后，我参加了很多大型会战，克拉玛依三分之二的会战我都参加了，特别是百口泉会战、新农场会战让我记忆犹新。有一次我们在钻进的时候，突然就刮起了7级大风，我们的钻井队队长说："大家不要怕，我们今天把它提完，明天就可以轻松点了。"结果就在快提完的时候，只听到队长一声吼"快跑"，吊卡一下子从上面掉了下来，就砸到了我的脚边上，地上被砸出来一个大坑，要是再偏一点的话，就砸中脑袋了。当时也没想那么多，休息了一会儿又继续干活去了，一点也没感觉到害怕，那时候劲头非常大。

当年克拉玛依到处缺水，钻井队配泥浆用水更是缺少。一到下雨的时候，队员们赶紧把篷布、桶子、帽子拿出来接水用，接满了就往池子里面倒，然后再去接。有时候泥浆循环不过来的时候，我们也往池子里跳，用身体搅拌。当年就是看到"铁人"王进喜的英雄事迹，让我们各个钻井队都深受鼓舞，后来所有人碰到这种情况都是义不容辞地往里面跳。

1978年试油处在东疆北三台钻井的时候，有一次发生了卡钻井喷事故，当时就害怕控制不住，着火烧架子。情况非常危险，现场领导就发动所有员工进行表态："谁去把这个法兰的螺丝装上？"当时的技术员、副队长、队长都举手，都抢着要上去，拦都拦不住。最后选了6个人，用毛毡裹着身体，用水枪喷着井口。当时的情况，如果有一点铁跟铁碰撞的火花就可能造成火灾，引发重大事故，造成人员伤亡。

最后我回到机关当了副书记，一直到退休。虽然事隔这么多年，这些事情依旧记得非常清楚。退休以后，现在回想起当年艰苦奋斗的经历，非常自豪，是我们这一代建设了克拉玛依，为我们现在所享受的美好退休生活打下了基础。

侯红丽 黄智明 整理

油田科研回顾

蔡志山 78岁 口述

1982年,随院组建的野外考察队赴准噶尔盆地南缘考察时留影

准噶尔盆地南缘考察时留影

克拉玛依油田已经开发60多年,由于科研条件不断改善,科学技术不断进步,今天仍焕发着青春,勘探不断有新的发现,油田产量也是年年增长。回忆起油田开发初期的科研工作,一切还历历在目。

1962年7月,我从新疆石油学校毕业,分配到采油二厂。当时,油田最早开发的二区出现了严重的"两降一升",即产量下降、油层压力下降、气油比上升。一区克下组和七东区克下组也呈现类似情况。油田发展形势恶化。针对这种局面,管理局党委决定调整油田开发方案,从基础工作做起。为此,在开发区钻资料井和检查井124口,在油层部分全部取心,以便重新认识地下油层,搞清油层分布规律,编制调整方案。

当时油田专业技术人员少,工作任务重,科研队伍急需加强,管理局就从我们这批毕业生里抽了10个人到科研单位工作。由于当时的研究所在乌鲁木齐,克拉玛依的研究工作就一直以会战形式进行,没有固定的办公场所。科研室就设在第四小学教室里。那段时间,我们对比电测图、电性岩性解释、油层数据提供等都是在学生课桌上完成的。

9月份学校开学了,科研室又没地方了。管理局领导把矿务局第一会议室让了出来,我们才又有了新"基地"。工作进入编图阶段,20多位同事围坐在会议桌周围,每人承包一个小层。虽然条件很差,但是大家热情却很高。努力把每一个数据搞正确,把每一张图绘制得精美些。就是在这间会议室里,我们编制的小层岩性分布图,发现克拉玛依油田三叠系储层以砾岩为主,且是一个呈窝窝状分布的很不均质的低渗透油藏。这一认识证明原先按均质砂岩油田编制的两排夹三排行列注水方案不符合地下实际,从而为编制调整方案提供了新的地质依据。1964年按新编制的面积注水调整方案对一区进行了全面调整,二中区调整为行列加点状注水,七东区调整为弧形加点状注水,从而扭转了油田"两降一升"的局面,原油产量逐渐得到恢复。

1962年10月,克拉玛依地宫交工使用了,我们油田地质和油田开发同时搬进了地宫,同时建立了勘探研究室、电模拟室和制图室等机构。从此,我们有了固定的研究基地。

我们从事地质研究的一项主要工作就是计算油田的地质储量。当时储量参数中含油面积的确定有两种方法:一种是用求积仪求面积;另一种是用透明的厘米方格纸把油层面积图透下来,数厘米方格的数量,再按该图的比例尺换算成油层面积。这是一项十分枯燥的工作,大家晚上经常在日光灯下数那些只有平方毫米大的小格子,特别费眼睛。

我们研究人员还有三项基本功,就是拉计算尺、摇手摇计算机和打算盘。那时科研条件差,技术落后,有一台手摇计算机计算数据就很先进了,哪像现在的科研人员,人手一台电子计算机。为了保证数据正确,提高科研质量,除了严格执行三级质量检查制度外,我们还需要努力提高自己的基本功,开展技术比武。虽然工具落后,工作条件也十分艰苦,但每当看到自己提供的数据在后来研究成果中用上了,在克拉玛依油田的调整方案中发挥了作用,我们就会感到十分欣慰。

那时正是困难时期,粮食定量,干部每人每月28.5市斤,而且以杂粮为主。对我们这些刚毕业的年轻人来说,每天能吃饱肚子,就是最大的快乐了。因为要尽快提供油田调整方案,科研工作安排得十分紧凑,大家经常加班加点。那时加班没有奖金,也没有加班费和其他物质奖励。领导为了调动科研人员的积极性,决定为加班到晚上12点的同志增加夜餐,就是到行政处四食堂喝一碗汤面条。喝完汤面条,大家心里热乎乎的,总想到办公室再干一会儿,许多同志经常加班到后半夜,有的甚至通宵工作。大家都怀着一个心愿,那就是早一天拿出方案,为油田稳产做贡献。

莫延兰 宋鹏 整理

没有条件创造条件也要上

高鼎城 76岁 口述

1986年9月，在油建公司退休管理站欢迎石油工作检查团留影（第二排右二为高鼎城）

1971年4月，在原克拉玛依人民公园和原设计院工程师胡君才、徐颐合影留念（右一为高鼎城）

1965年，我从上海同济大学毕业，来到了克拉玛依油田。那时候，我最大的理想就是到祖国最需要的地方去，支援边疆建设。

当时正在提倡学雷锋助人为乐的精神，学大庆艰苦创业的精神。我们大学生一分来，首先要到基层去，到工人中去。很长一段时间，我和油建公司的工人同志一起吃住、一起学习、一起工作，从最基础的瓦工做起。工人师傅们教会我很多，也给了我很多帮助。

我记得，那时候我刚来克拉玛依。由于上海的天气很暖和，我来时只带了一件薄薄的小棉衣。没想到新疆的10月份就很冷，我的棉衣太薄了，工人师傅就把自己的棉衣送给我穿。和工人师傅们在一起的时间长了，既让我体会到了基层工作的艰苦，也培养了我和基层工人同志的感情。

几十年来，我参与和组织了很多油田的重点工程建设项目。

有一件事我印象很深。那是20世纪80年代，重油公司2号供热站建设期间，当时已经是12月份了，为了尽早建成，帮助油田上产建设，石油局领导提出开展"410会战"，就是在4月10日之前完成供热站的施工建设。

这么大的一个工程，当时的工期非常紧张，又恰好在冬季，零下30多摄氏度，为了能完成任务，工人们都是24小时倒班不间断施工。那个时候不像现在，有很多大型的设备和科技手段，工程建设的方法也很多。那时基本就靠人力，一点点的人拉肩扛完成。可即便在这样恶劣的条件下，经过100天的会战，我们还是顺利完成了任务，创造了奇迹。

我在一次次的工程建设中，看到了我们工人同志的力量。新疆石油人就是这样，为了石油发展，一心一意搞建设，不怕苦、不怕流血牺牲，有条件要上、没有条件创造条件也要上，特别值得我敬佩和学习。

还有一件事让我终生难忘。1999年9月9日，呼图壁气田建成，我代表石油局参加投产工作。当矗立在处理站西北角的火炬塔时燃起熊熊火焰时，标志着呼图壁气田投产成功。从此，克拉玛依接到了来自250公里以外的天然气供发电和供居民用电。

克拉玛依油田一直以采油为主，天然气非常少。当得知呼图壁要开发建设时，整个油田的人们都非常高兴，呼图壁县也很渴望。在这个工程中，我负责组织地面建设，包括油气集输处理站建设等。工程建设中遇到了很多困难，但通过大家的共同努力，我们最终顺利完成任务。

如今，再回想起这些往事，我很感慨。能够参与当时的大开发大建设我很幸运，希望未来的油田会更好。

莫延兰 宋鹏 整理

1985年10月，跟油建公司同事由工地返回公司途中于克拉玛依调节水库合影（左二为高鼎城）

为修水渠切除三分之二的胃

郭森 77岁 口述

1964年12月，大哥郭鑫从大庆油田回克拉玛依市探亲时拍的全家福

1963年6月3日，新疆克拉玛依石油技校内燃机63-1班毕业留念（后排左四为郭森）

我出生在一个大家庭里，家里一共有10口人，全靠父亲给别人打工维持生计。

1950年，中苏石油公司成立，父亲当了一名驾驶员，我们一家的生活才有了改善。1957年，父亲把我和哥哥从乌鲁木齐接到克拉玛依，那一年我刚上初一。那时，克拉玛依正在筹建第一所小学，中学根本没有。我上不了学，只能在家待着。

一天，我正在家里休息，父亲兴冲冲地推门进来，激动地叫来哥哥，大声说："克拉玛依矿务局组织招工了，赶紧准备一下！"哥哥大我两岁，本来应该上初三。又过了一会儿，父亲叫来我说，家里日子不好过，你干脆和你哥哥一起报名参加工作吧！就这样，我成了机械厂的一名学徒工。那一年我15岁。

1959年6月，矿务局成立石油技校，学员都是从转业军人和工厂、地方招考来的。我因为年龄小，又有初中文化，幸运地考上了石油技校。当时的技校除了几排地窝子外，什么也没有。我们1000多名学生没上一天课，就开始动手建设学校，每天的工作就是在9公里外挖土方、打土块，每人每天有1000块土块的任务，完不成任务就不能休息。

苦干了将近半年多后，学校建起来了，有教室，还有礼堂。1959年11月底，学生们开始正式上课。

没多久，克拉玛依因为饮水困难，需要修建百—克水渠。我们1000多名学生就被分成10多个连队，派往百—克水渠挖土方。几个月后的三年困难时期无可避免地波及克拉玛依，我们每天的伙食缩水到4个馒头1个菜，到了后来干脆只有馒头。工作量却从每人每天3方土上升到9方土。

我是班长，必须照顾班里的每一个人。有的女生力气小，任务总是完不成，我们男生就得多干一点。每个人每天都累得没有一丝力气，好多人饿晕在工地上。

1961年8月的一天，连长悄悄地对我说："艾里克湖附近有甘草，不仅能充饥还能治病，你赶紧带上3个同学去挖点回来。"我一听甘草能充饥，眼睛都快放绿光了，急忙到班里找了3个同学往艾里克湖赶。艾里克湖距离我们的工地有20多公里路。大概4个小时后，我们就到了艾里克湖，还真在湖边发现了不少甘草。大家拿出刀子和铁棒拼命地挖，不到半个小时，每个人都挖了大大的一捆。背着甘草，我们走走歇歇，五六个小时后才到工地。

连长立刻安排了几个女生清洗甘草，再用小刀剁成细末，放到大锅里熬，煮成了黑黑的像粥一样的东西，比糖都甜。大家又用甘草粥做馅，包了好多"甘草包子"。

这种难得的经历太少了，大部分时候，我们是一边饿着肚子一边拼命干活。我患上了非常严重的胃病，每次胃病发作，疼得不得了。1962年水渠建设完成后，我已经严重到了每天咳血、拉血的地步，连下地都困难。

我在医院一住就是3个月，手术中切除了将近三分之二的胃，这才保住了性命。比起为修建水渠付出生命的7个同学，我很幸运。

侯红丽 黄智明 整理

老會戰

Part 03 —— 克拉玛依油田篇

那时候女孩像男人一样

卜依霞·可可思汗 76岁 口述

Kayixia Kekesihan

1959年10月，参加全国劳模表彰大会返回克拉玛依留影

1958年，我刚满15岁，为了改善家庭生活，谎报年龄成为了一名克拉玛依油田的石油工人。当时，从我家到单位，一路上都是小土包和杂草，一刮风几棵树就被吹得呼呼响。

每次上夜班，我都特别害怕，爸爸就接送我。我也会把自己打扮成男娃娃，戴个皮帽子，穿着工作服。爸爸要是倒班顾不上我，妈妈就送我。可妈妈操持家务也很辛苦，我就拒绝了妈妈。当时我想，我已经是石油工人了，有什么好怕的。

一年后，克拉玛依油田成立了首支三八女子钻井队，我成了队里最小的一员。面对高高立起的井架，有不少人质疑："还能指望一群娘们打出石油来？这份苦她们能坚持多久？"

半个月后，我们承钻的第一口浅井顺利完钻，并获得工业油流。后来，我们竖起了一座座井架，大家再也不敢小瞧我们了。

我印象最深的一次，钻井时井喷了。一股气一下子从地底喷出来，泥浆、油、水也喷了出来，喷得特别高，我赶快拿着工具跑到泥浆池旁边搅泥浆。那天特别冷，泥浆池中的温度更低，要想尽快恢复泥浆密度，就得不停地使劲搅拌。泥浆就喷在我身上、脸上，连眼睛上也有。

井喷被制服后，我用木棍、石块刮去了身上冻硬的泥浆。回到家，灌满泥浆的毡靴似乎长在了脚上，弟弟费了很大的力气才把毡靴从我脚上拽了下来。

1959年，我被选为"全国先进生产者""全国三八红旗手"；同年10月，我作为"全国最年轻的劳模"，第一次坐飞机到了北京，参加全国群英会。参会期间，我见到了很多国家领导人，像刘少奇、周恩来、朱德等，一共有8位。

说起来很可笑，那时候我就像个傻瓜一样，在招待所看到别人都在擦油抹粉，打扮得很漂亮，自己也照着镜子擦粉，可不会擦，结果擦得白一块黑一块，成了大花脸，就这样急急忙忙赶去和国家领导人握手。还好那个时候留下的照片都是黑白的，如果是彩照，就丢人丢大了。

晚上开联欢会，周恩来总理来了，他请我跳舞。我哪会跳舞啊？笨拙地说自己不会跳交谊舞。周总理和蔼地拉着我的手，数着"一二、一二……"教我如何迈步，我好几次踩到了总理的脚。总理亲切地鼓励我："你是少数民族中的优秀女工代表，还很年轻，要加倍努力，建设好我们的国家……"周总理的话，我记了一辈子。

莫延兰 宋鹏 整理

老會戰

Part 03 —— 克拉玛依油田篇

处长给我牵马

孔凡兴 99岁 口述

Kong Fanxing

1957年初冬，孔凡兴和爱人合影，纪念油田开发成功

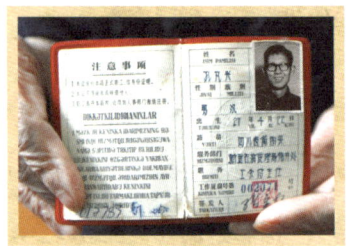

1974年，在英雄钻井队5014会战施工时不幸右眼受伤后，钻井处工会颁发工伤证（证件出生日期有误，应为1920年）

1951年抗美援朝，我去当兵，当兵之前家里只剩下老母亲。当兵后就去了朝鲜，我在朝鲜立了功，1953年7月经人介绍我入了党。当时没有文化，要不然立了功就提干了。在朝鲜待了4年，1954年底回来的。回国的时候坐的是闷罐车，过鸭绿江的时候不让说话，悄悄地。

回来之后就安排我们去修营房。1956年2月份，新疆到河北去招人，部队批准我和另外两人去新疆，一去就选我到乌鲁木齐参加石油公司党代表大会；会后，坐汽车到克拉玛依。

那时克拉玛依荒无人烟，房子都没有。食堂是半地窖，我们住的是帐篷。我在钻井一大队钻井四队，队长也是转业来的。那时条件很艰苦，白面少得很，有家的人是一个月3斤白面，大多数情况下吃苞谷面窝头、发糕。天气热，在井上吃的窝头有时候都发酸了。

1974年，是个特殊的时期，全钻井处9个钻井队，只有我们5014队坚持生产，我们队由8个民族的职工组成。我们爬到5000米井架上，装了一个300瓦的水银灯泡，好远都能看到亮，把"学大庆精神，走大庆道路"十个红漆大字挂在钻台上。全队人百折不挠，安全优质地完成了克拉玛依钻井史上第一口深探井——检乌22号井，为探明乌尔禾组油气藏提供了第一手资料。

这一年，我们5014队被克拉玛依局市级党委授予了"硬骨头钻井队"的称号。1978年又被石油工业部授予"团结战斗顶逆流钻井队"的称号。新疆石油管理局授予我为"学铁人的好干部"的称号。当时全管理局获得这个荣誉的就3个人。管理局党委书记李欣吾对我说，人家不干你干，你们就是逆流往前去，干成了事。还把我拉到克拉玛依去游行，让大家向我学习，那时钻井处的处长张乐怀在前头给我牵马。

我在井队上当指导员，又当了5年的劳动模范，队长是梁鹏飞，技术员是张德智，有5个同志入了党。当年的同志好多已故去，现在还健在的人看见我，都是指导员长、指导员短的，关系都比较好。

1977年，我去北戴河疗养，和另一位老红军一起，我们提前到了北京，石油工业部康世恩部长派车来接，带我们瞻仰毛主席遗容，我是克拉玛依第一个瞻仰毛主席遗容的人。其实那时，管理局已经把我的档案寄到了北京，要是毛主席老人家晚走一年，我就可以当面给他汇报工作了。

中华人民共和国成立前，咱们国家才4亿多人，缺衣少食。我过年都没吃过肉。有一次我三叔娘看我们可怜，过年给我们端了几片肉吃。到了克拉玛依，感到又苦又累的时候是1961年，吃得不好，工作服都是再生布的老棉衣。当年钻井处只有一辆汽车，大家都想坐。

现在全国十几亿人，克拉玛依还这么多人，白面大米随便吃，我有7个娃娃，每个人都有工作，我6500元工资穿不完也吃不完。现在你看看，光是白碱滩就到处都是车，我自己都能买两三辆。我明年10月22号就满100岁了，我说把存下的钱分给孩子们。大女儿说，现在生活这么好，老爹你再活30年，一个月攒4000元，30年以后再分给我们。

感谢共产党，感谢毛主席，我们国家强大了，人民富裕了，做梦都想不到会有今天这样的好日子。

侯红丽　黄智明　整理

The Petroleum veterans

李培智 78岁 口述

"老伙计"陪我走南闯北

当年在部队，我是汽车兵，1966年转业到新疆克拉玛依后，我还是开车。吉斯150是一辆进口多年的"老破锣"，最高时速40公里，再快全车就抖动起来，尤其是方向盘，抖得让人双手发麻。我开着"老破锣"给井队送料，给采油队送班，给生活科拉蔬菜，给粮食局拉粮食，给基建科拉木头……上白班、上夜班，跑长途、跑短途，一年四季，走南闯北，它就是我最亲密的"老伙计"。

那时候，冬天早晨发动汽车是司机最头疼的事情，五点就得起床到车场发动车子。来到车场，先给发动机加开水，加过第二次开水后，发动机才有了温度，再用喷灯烤油底壳发动车子，然后钻到车下烤变速箱，烤差速器。

开车也有不少难忘的事。有一年冬天，塔城下了百年不遇的大雪，厚40厘米。一个牧民骑马想穿过雪地去办一件事，结果马一踏进雪地就被吞没了大半，折腾了一阵子才退出来。

那时局里组织单位的汽车到塔城地区抢运小麦。到达额敏县后，调粮小组把我们分队的8辆汽车派往"五十岁"农场。一出县城，汽车就被大雪阻挡在路口，等着拖拉机来牵我们的"鼻子"。东方红拖拉机拖起两辆汽车在前面开路，后边的紧跟着。刚走出两公里，后面一辆车不小心滑进了路边的深沟，差点翻了。"东方红"拯救它时，拉断了拖车钩。拖车钩像炮弹一样从我们的头顶上飞了出去，有四五十米远。如果打在谁的头上，立马会被炸飞。

从县城到农场40多公里，下午3点才到，5点装好车，当天就要返回额敏食宿站。晚上没有吃上饭，回来的路上，半夜我饿得实在受不了，路过一个连队，敲开人家的食堂买馍馍。别人都把冰冷的馍馍放在暖气排气管上烤着，我等不及，抓着就啃，结果吃坏了胃，疼得揪心，好像吃进去的不是馍馍，是刀子。

还有一回，我到伊犁新源县拉玉米，第二天返回时在天山果子沟遇到了雪崩，被封了两天两夜。那天上午10点钟，车走到"二台"，前边的汽车停在路上半天不动，下车一问，才知道发生了雪崩。我跑到前面去看，从北面山顶滚到路上的雪堆得就像大山一样。

我们回不去，走不了，只有死等。晚上不敢离车，就

1967年初，前往白碱滩会战运送物资途中留影

守着车子。先是发动着车，能有点热气，但也不敢发动时间太长。谁知道路啥时候能通？油烧光了咋整？手脚冻得像猫咬一样疼，感觉像是掉到了冰窟窿里。第二天晚上实在受不了，就跑到前面道班房取暖。里面挤满了人，我和同事好不容易挤到火墙边上，我脱下皮大衣铺在地上，身子一倒就睡过去了。结果重感冒，头热得像火炭，嗓子疼得不敢咽唾沫，没有药就强忍着。第三天下午6点，路终于通了，大家高兴得像过节一样，七八十辆车一辆跟着一辆缓缓地驶出了天山。回到家我的扁桃体已经化脓，输了7天液才好。

1978年，钻井处用土坯建的俱乐部成了危房，被停止使用。但开会战誓师大会和放电影离不开这样一个场所，于是开始重建俱乐部；采取了会战的形式，专门成立了会战领导小组。

当时我参加了拉石头会战。10辆汽车不停地从后山拉石头。本来平时一天拉三车，但那时人人你追我赶，有一天我竟拉了12车，记得我的一个同事最多拉了13车。光装卸车的就有上百人，还有专人坐在驾驶室里，为司机供应饮食。

不知不觉地，时间过去了几十年，现在回想起当年那些事情，还是会激动起来。

侯红丽 黄智明 整理

1961年4月，在山东奇和县参军入伍留影

The Petroleum Veterans

刘昌瑶 87岁 口述

「三上」塔里木

Liu Changyao

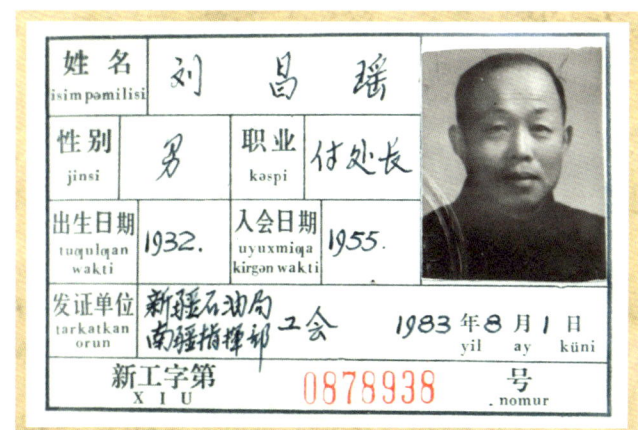

1983年，参加新疆石油管理局职工代表大会拍摄

1951年，我考上了清华大学。后来清华大学有了石油系并分离出来，成立了北京石油学院，也就是现在的中国石油大学。我是1955年北京石油学院的第一届毕业生。

毕业前半年，我和一些同学被分配到独山子实习，做毕业设计、答辩。

我们从学校受到的教育就是"一切服务国家需要"。当年从清华大学分到北京石油学院，从北京石油学院再到新疆，也有一些人有想法，有分配到新疆但没有来的，另外去找了工作。

当年我们一共来了30多个同学。3月初从北京出发，坐火车只能到武威，再换乘汽车。没有老师，只有一个同学带着介绍信当领队，我做会计。

1955年到新疆，我再没出去过。

9月份毕业后就直接分配到独山子的井队，半年后又把我调到了独山子生产科。当时克拉玛依发现了大油田，1956年上半年我被正式调到克拉玛依。来到克拉玛依，连地窖都住不上。我和几个同学自己管自己，在地窖旁边发现了一个破木板房，又脏又乱。我们也没管那么多，把行李铺到地板上就住了下来。一开始把我分在生产科。工作了一段时间后，我感觉自己现场实际经验太少。因为刚从学校出来，只在井队实习过一段时间就到生产科做管理工作，不知道如何下手，想上井队积累一些经验，就向领导提出了这个要求。过了一段时间领导批准了，我上了中拐的井队，井队有一部能打3000米的乌德钻机。

1958年克拉玛依会战，石油工业部部长余秋里主持，全国石油单位都来克拉玛依开现场会。会战主要在一区和三区的小井架上，我在中拐的大架子上虽然没那么紧张，但在"大跃进"的氛围下，也要快速打井创指标。

那时一个单根一个单根地往井里打很费事，我们想办法把三根接成一个立柱，一次打20多米，节省接单根的时间。用的是刚引进的苏联进口涡轮钻具，不太懂就摸索着用，速度还比较快，创造了一些指标。

会战基本上是连轴转，人都在井场上待着。井场就一个值班房，我们就在井场边上搭帐篷、挖地窖住，吃饭是家里送，忙起来吃不上的时候也有。

1964年，南疆只有一个依奇克里克油田，产量也不高。上级决定要上塔里木盆地，在库车成立了塔西南勘探会战指挥部，钻井作业主要集中在拜城和英吉沙。那是我第一次上塔里木。1975年我第二次上塔里木，指挥部就在皮山县公路旁边搭的帐篷里。在柯克亚打第一口井，井喷、出油，发现了柯克亚油田，开始大规模上钻机，最多的时候有24部。在柯克亚打了好几口井，也出了油，但受限于钻机性能，没有发现更多的油田。后来又逢克拉玛依百口泉会战、准东会战，从南疆抽回了队伍，只留下我和一部分人管柯克亚油田。1984年，我也被调回克拉玛依。

1986年，石油工业部要求上塔里木沙漠钻井，新疆石油管理局成立了塔里木石油勘探开发指挥部，我第三次上塔里木。井普遍在4000米到6000米深。1987年3月，轮南1井开钻，有6000米深，是当时最深的一口井，8月喷出工业油流。中国石油天然气总公司成立了南疆石油勘探公司，钟树德任经理，接管了塔里木，我又调回了克拉玛依。

我这一生没有干别的，几十年都没离开过石油钻井这个行业，为石油跑了一辈子。现在离不开克拉玛依了，回江西老家都不习惯了。在南疆20多年，我把盆地周围、沙漠中间都跑遍了，今年我想回老地方再看一看。

侯红丽 黄智明 整理

The Petroleum Veterans

坚守泵站的岁月

孟马尔 88岁 口述

Meng Maer

1955年,在新疆石油管理局独山子矿区钻井处卡因地打探井、完钻后,回基地照相馆留影

我这一辈子最开心的时刻,就是2000年8月8日,当水流如潮涌般从克拉玛依九龙潭奔腾而下的时候,我这颗焦躁了几十年的心终于安静下来了。

1956年10月24日,我来到克拉玛依。到食堂吃饭,一个馍、一勺菜、一茶缸水,水我一仰脖子一气就喝完了。我起身,准备找食堂师傅要水喝,接我的同志将他的一茶缸水递给我:"喝我的吧,就当给你接风了。"

从来只听说过喝酒接风的,哪有喝水接风的?但当时的克拉玛依就是这么缺水。我奉命从独山子来到克拉玛依协助组建水电站,从那以后,我和水打交道,一干就是30多年。

1956年10月26日,油田矿务局党委为了从根本上扭转克拉玛依用水极端困难的局面,决定在玛纳斯河下游的中拐苇湖建设水电站,铺设输水管线,将水输送到克拉玛依。10月底的克拉玛依十分寒冷,我们摸黑割了几捆芦苇草铺到牧民家废弃的羊圈里,就成了我们共同的宿营地。没有机房,我们36人割芦苇搭上地窝子当机房,人拉肩扛把泵机安装到位。一个多月后,水电站建成了。每天3000立方米的清水缓解了油田和人们的用水困难。

随着中拐条件的日渐好转,很多同志把家属接到站上安家了。1958年冬天,我请假回老家。3个月后,站主任杨本成又是打电话又是拍电报催我回来。我说没钱回不去了。其实是借口,因为老家条件好,我不想回艰苦的克拉玛依了。杨本成主任说,没钱好说,你要多少?我说要200块!那时一公斤羊肉才3毛钱。他说行,只要你回来。可我哪好意思真要钱啊!

妻子不愿跟我来新疆,我就骗她说克拉玛依好,住楼房,还有电灯电话。等我带着媳妇到了中拐水电站,在一间芦苇棚土块房里安了家。从那以后,妻子老说我是骗子。

1958年7月的一天傍晚,矿务局秦峰局长来了,舀了一茶缸水仰脖就喝,喝了一缸又一缸。他说:"还是你们条件好啊,啥时候都有水喝。"

那时候,中拐水电站虽然条件艰苦,但相比整个克拉玛依,却是最好的地方,是心脏中的心脏。"开水管够"是我们招待领导的最高礼遇。

1966年,中拐水电站停水后,从百口泉引来的地下水成为克拉玛依的主要水源。我又来到百口泉,负责三泵站和末端泵站。

1966年的一天,我带着20多人坚守两个泵站。"破坏分子"要停泵停水。我手握一根粗木棒,横在机房门前怒吼:"谁要停泵停水,先把我打趴下了,从我身上踏过去!"我是贫下中农,又是党员,还是老革命,"破坏分子"拿我没办法灰溜溜地跑了。

如今60多年过去了,当年参加中拐水电站建设的老伙伴们一个个走了。我有时候觉得很孤单,但也觉得幸福。等我百年之后,到了那边,我要告诉他们:亲爱的伙伴们,水来了,我们为之奋斗一生的克拉玛依再也不愁没水喝了!

莫延兰 宋鹏 整理

欧哈斯·夏木 81岁 口述

一套工作服四个人穿

Ouhasi Xiamu

我今年81岁,已经退休20多年了。

1956年,新疆石油管理局办的第一个专业学校——乌鲁木齐石油学校(即后来的新疆石油学院)成立,我是第一批学生。

我家是阿勒泰布尔津地区的,我是哈萨克族,当年还是18岁的小娃娃,不懂汉语,也不懂维吾尔语。但我们上课用的是汉语,我觉得听着很困难,当时有些从独山子、乌苏去的娃娃语言水平比我们好一些,就给我们当翻译。半年以后我就慢慢地适应了。

1960年7月,我们学习的最后一年,响应党和国家的号召积极参加勤工俭学,来到克拉玛依矿区。

当时,克拉玛依有4个钻井处、78个钻井队。我和同学们分到了专为乌鲁木齐石油学校钻井专业的学生实习和勤工俭学而设立的钻井队,这是钻井专业人才从学校走向实践和社会的摇篮。

那时的生活和工作条件都很艰苦,我们住在生产区的地窖里,半天工作、半天学习。

学生勤工俭学不发工资,只管饭,每个月发3块到5块的零用钱。那个时候生活上什么东西都紧张。我们从学校出来没有工作服,供应站的要求是交旧领新,这些交回的旧衣服就给我们当工作服。一个队4个班,一个班有架工、副钻、机工等好几个工种,一个工种只发一套衣服。

这个衣服怎么换呢?就在岗位上换。冬天天气冷,在钻台上吐一口唾沫,还没落地就冻住了。提下钻喷泥浆,衣服都上冻,但我们就是这样穿着工作服继续工作。

那时上班距离超过5公里的同志会有卡车送班,不到5公里就自己走路去上班,而且要把材料、工具扛到井场上。身穿的是皮大衣,脚上穿毡靴,电影上你们看过吧?就是那样的。生活紧张,好多同志浮肿,我自己也浮肿,一按一个坑,就那样硬扛过来了。

在这期间,我虚心地向老同志、老师傅学习专业技术、工作方法和艰苦奋斗的创业精神,这些使我在以后的工作中特别受益。

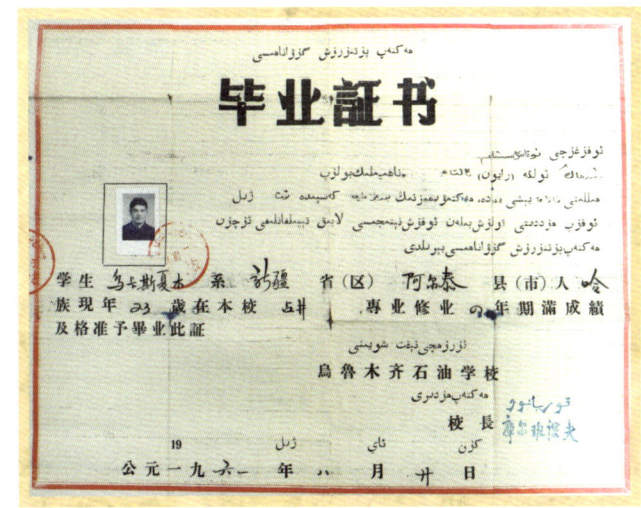

1961年8月,欧哈斯·夏木在乌鲁木齐石油学校毕业

一年的实习期结束,我们四十几个学生就只剩十几个了。其他人回家的回家,不干的不干了,好多年轻人没有经历过那么困难的时期。

我们学的就是钻井,毕业以后就分到了第二钻井处。

1960年开始,克拉玛依油田集中力量进行开发和调整。驻地人员由乌尔禾公社、184兵团、各厂处的农场及兵站几个单位的人员组成,比较复杂,当时要选派一个素质高的少数民族干部,了解情况和处理问题,因此安排我去了那儿。没有民族食堂,我就喝开水,吃馍馍,一直待了6年。

现在想一想,我把一生最美好的时光奉献给了石油钻井事业。我也亲眼看到了克拉玛依油田的创业和发展。老一辈人用勤劳的双手创造了克拉玛依的今天。我有6个孩子,其中3个在钻井队。现在的年轻人也一定能把克拉玛依的明天建设得更加美好。

1961年5月,参加白碱滩一区会战留念

侯红丽 黄智明 整理

The Petroleum Veterans

老會戰
Part 03 克拉玛依油田篇

我愿为油田工作一生

欧远德 82岁 口述

Ou Yuande

1963年8月，北京地质学院石油系五八级二班同学毕业留念（第一排左一为欧远德）

一直到现在，我还在油田公司返聘。虽然年纪已经很大了，身体也出现了不少问题，但对我来说，能够一直工作下去是很充实的。毕竟，我在油田工作了一辈子，对这里非常熟悉，也还有很多想法希望能够在年轻一代身上实现。帮助他们早日找到大发现，就是我现在最大的愿望。

我这一辈子都是搞勘探研究的，从地质员干起，一直到后面勘探开发研究院的总地质师；我印象最深的就是在二十世纪七八十年代发现的"帽檐"惊喜。

记得1977年5月左右，我在编写《百口泉详探井位意见》时，受当时环境的影响，被停职检查，当时既紧张又害怕，也没人敢跟我说话。

有一次，我因为精神恍惚，提着暖水瓶到开水房打开水，出"地宫"本应向左走，我却向右走，一路走过公路，走进了公厕才恍然大悟。岳母看我这个样子，就安慰我，还炒葵花子给我下酒。渐渐地时间一长，我也想通了。说是"犯了错误"，顶多是个"派性"问题，不能把我怎么样，心情也轻松了许多。

那时，我跟几个同事在一个办公室办公。那是一套三间通，我们3人在里间。有人来时，我就装作在交代问题；等人一走，我就搞我的研究，同屋人也不管我。1978年1月，我母亲在老家病重，我抓紧时间写完《克拉玛依油田百口泉地区克下组详探井位意见》，交到室里，我就请假带着家人回老家看望母亲去了。

当我回来后，《克拉玛依油田百口泉地区克下组详探井位意见》已经开始实施，5口井获得试油成果。后来我又以500米反九法井网针对克下组百口泉组主要油层编制了《克拉玛依油田百口泉区百口泉组开发设想井网图》，以此为突破，发现了克乌断裂面的秘密，并由此相继发现了百口泉组。为了突破白碱滩七中、八一区，当时的新疆石油管理局决定成立"白碱滩会战指挥部"，搞会战突破，开发后成绩也比较好。

20世纪90年代中期，我因为勘探成果突出，被授予国务院津贴，这对我来说是个巨大的鼓舞。这辈子我不太会做其他事情，就善于研究地下，寻找石油，每一次有所突破都让我激动很久。现在新疆油田赶上了大发展的时期，有了很多新的发现和突破。希望未来的年轻人能够更好地认识地下，早日把我们的油田建设得更好。

1982年10月，勘探开发研究院油区室主任欧远德与同事交流工作

莫延兰　整理

老會戰

Part 04 — 克拉玛依油田篇

领导也是普通一员

王延明 88岁 口述

Wang Yanming

1956年10月1日，兵团照相馆卡英迪科油田民族团结合影

1977年4月，采油二厂、新疆石油管理局给二级单位发《毛泽东选集》

1960年，领导任命我当钻井队队长，我二话没说就同意了。那年头没人愿意当领导，干的活和工人一样，工资、奖金、定粮还比工人少，可我是个党员。

几个月后，我被调到了采油一大队修井三队当队长。

有一年冬天，我们修井队在1099井修井。这口井由于井底出砂严重，需要洗井。那几个月里，工人们三班倒，都能轮流回家休息。只有我不能休息，在井队旁支一顶单层帐篷，24小时在井口旁盯着。偶尔回一次家，也是到队里汇报修井情况。

当时井队上没食堂，我们自己带饭。但我没法回家，只能是大伙儿"接济"我。我不好意思老吃别人的，就这样饥一顿饱一顿的，半年下来就得了胃出血。可就是这样干，因为修井不成功，厂里还是要给我处分，工资连降两级不说，还要把队长一职给我撤。后来局里派人调查，一调查才发现，因为油井出砂严重，前期又没采取必要措施，才导致修井无法成功。我这队长才保了下来。

1976年11月，我到采油二厂当厂长。刚到采油二厂，我便去一线了解情况。因为以前一直和修井打交道，再加上我总在一线，身上穿的衣服都是修井时的工衣，衣服上沾满了油、泥浆、戈壁土，看起来确实不像个当领导的样子。

一天，我正在一个计量站转悠，遇见一位采油工。采油工问我："你是干嘛的？"我告诉他："我刚分配到采油二厂，想看看这里什么工作好。"这个工人对我说："你就干采油工吧，采油工好。"

过了没多久，厂里开大会，我在主席台上坐着。那个工人一看，我怎么坐在主席台呢？还是新来的厂长？

其实，我被人认错的事还不止这一次。

刚到采油二厂没多久，我到生活基地了解情况。到了生活基地，工人们看我身上脏兮兮的，就问我："干嘛的？"我说："我是新来的，瞎转转。"工人们害怕我是小偷，我走到哪里，他们就跟到哪里。

当时，生活基地有4头母猪快下崽了，可没有暖和的猪圈。母猪一旦下了崽，幼崽肯定会被冻死。我就跟工人们商量，给母猪盖个猪圈。刚开始，工人们都不搭理我，后来一看我真干上了，这才和我一起盖了4个猪圈，又在里面通上了瓦斯。猪圈刚盖好，母猪就生了。有了暖和的猪圈，小猪崽一个都没冻死。

一天，厂里的宣传科长到生活基地叫我去开会。大伙就问他："这个人是干什么的？"宣传科长说："这是咱们的新厂长。"大伙都惊呆了，说没见过这样当厂长的。

想起这两件被人认错的事，我还挺高兴。能被大伙当成工人，我这个领导就算没白当。

1985年，我退居二线种起了树，一种就是34年。现在再看克拉玛依，早已不是"没有草、没有水、连鸟儿也不飞的地方"，而是真正的塞外江南。

莫延兰 宋鹏 整理

一张白纸绘蓝图——试油处是怎样创建的

王忠信 81岁 口述

Wang Zhongxin

1976年4月成立了试油大队，1977年试油大队妇女同志向党总支提出申请，要求成立女子试油队，"女子试油队"成立后成绩卓越，被全国妇联命名为"铁姑娘试油队"

1967年，在钻井处担任宣传科干事时拍摄

1976年春，那是一个"四人帮"被粉碎的前夜，全社会弥漫着一片政治雾霾。国家的经济状况比较低迷，人们期待着灰暗快快结束。克拉玛依石油职工继承和发扬着大庆精神，抓革命促生产的坚定决心没有动摇。

4月初，新疆石油管理局党委为了加速勘探、扩大储量成果，大力加强试油工作，决定把钻井处的试油综合队分出来成立试油大队，提升为二级半单位。局市党委任命我为大队党总支书记、教导员，张正和同志为大队长。试油大队共有5个试油作业队，3台水泥车，一部75马力的拖拉机，一间60平方米的机修房，大队领导和机关工作人员共9人，全大队职工近300人。

一天，大队接到石油局办公室的电话，通知我和张正和同志陪同局领导张毅和阿尤甫给试油大队选厂址。我和张正和同志驱车赶到采油三厂外的公路上，只见两位局领导已在那里等候。见面后，我们与局领导各乘一辆吉普车，在克白公路上走走停停，观察着、寻找着。走到原油建二处的东侧，两辆车停下来。我们和两位领导下车后边看边商议，最后张毅书记高兴地说："这个地方不错，平整的地面都可以当飞机场了，很有发展空间。后面就是农业区，去农场不用坐车，试油大队的厂址就定在这里吧！你们两位领导有什么意见？"我们两人眺望着这一片寸草不生的亘裂平地，思考着，这就是今后我们要生活和工作的地方吗？我沉然地点点头后，随后表态："我同意领导的决定。"张正和同志一声不响。两位局领导看着我们犹豫无奈的样子，说了声："你们有什么困难就来局党委向我们汇报。"一个单位的厂址就这样迅速地决定了。一张白纸交给了我们，让我们自己绘制试油处发展蓝图。

我和张正和同志默默地坐进车里。300名职工就要扎根在这里，住什么？吃什么？喝什么？机关在哪里？一系列的问题都浮现在我们脑海里，找领导去汇报，伸手要显然解决不了问题，看来白手起家、艰苦创业已成为很现实的问题摆在了我们面前，大庆人"有条件要上，没有条件创造条件也要上"的口号，必须要付诸行动了。我和张正和同志想到了一起，回单位后立即召开党总支会，认清形势、统一思想、明确任务，决定动员全大队的职工家属"大干苦干100天，工业、农业加基建，每人肩上三副担，领导、工人同参战"。在这块土地上，分不清领导和工人，分不清白天和黑夜，没有休息日和节假日。所有人全天候地穿着工作服，打土块扎苇把、盖房子、挖地窖、修水渠、开荒地、种蔬菜，白天热火朝天，晚上挑灯夜战。在基建的工地搭起了帐篷，架起了灯线，每个职工和干部每天打300块土块是硬任务。上班的工人，早晨上班前，先挖土泡泥；下班后不睡觉，先完成打土块的任务再休息；下夜班的工人，下班后先打土块再睡觉休息。每人每天工作时间都在12个小时以上，基建工地的帐篷里晚上都是工作疲劳和衣而卧的职工。休息天节假日，机关干部和家属都去农田干农活。在100多天的奋战中，人们已习惯每天穿着工作服走到哪干到哪。就在试油大队成立的第一年，8个多月的时间里，完成了以往两年的试油生产任务，盖起了4栋土坯平房，开垦了400多亩菜地，挖出了两个大菜窖，试油职工就在这里安了家。

试油处建处史就是一部艰苦创业史。在龙壁滩建一个新单位，首先遇到的问题就是生活问题。记得一次在打土块的土地上，四五个同志围在一起吃中午饭，工会主席魏兴发从兜里掏出个松花蛋，慢慢剥开了皮让大家吃，一人挑一筷子，转了两圈，你让我、我让他，一个皮蛋都未吃完。还有一次，局党委在克拉玛依召开"三干会"，开完会的路上，我看到大家手里都提着一网兜馕和干饼。我心想，现在大家都这么辛苦地劳动着，可最起码的生活条件

都不具备，怎么要求大家好好地工作呢？不少职工找门路拉关系要求调动工作。针对这种情况，党委即刻召开党委会，就"如何关心群众生活，稳定职工队伍"进行了讨论研究。党委决定，由党委副书记吕国杰搬到生活科，代表党委专心抓生活，副处长胡道青专门抓农副业，任命一名年轻有为、敢于负责的干部孟庆民当生活科科长，确定了一个口号："群众的生活需求，就是我们的工作目标；群众的批评意见，就是我们的工作动力。"

经过两年多的努力，试油处自动化养鸡场、养鸭场、养鱼池、养猪场、奶牛场、副食品加工厂均成规模地建立起来。每个职工家庭，每月凭票免费供应4斤鸡蛋、一只鸡，不定期地供应一条鱼。又派了两名职工到北京全聚德烤鸭店学习了3个月的养鸭、填鸭、宰鸭、烤鸭全套技术，回来后在试油处办起了烤鸭房，还有副食品加工厂。试油处的职工生活成了克拉玛依一大亮点。石油工业部、自治区来了领导和客人，都来试油处参观。一个成立才四五年的单位，成为全市局生活办得最好、人人称赞和羡慕的单位。

宋鹏　黄智明　整理

女人当钻工要"过五关斩六将"

吴淑华 83岁 口述

1958年12月，在北京参加全国妇联召开的建设社会主义积极分子代表大会

我于1936年出生在安徽蚌埠，1955年报名来到了乌鲁木齐银行学校，1957年调到了克拉玛依。

1958年7月，玉门开始石油会战，我被派到玉门学习机构编制、人员配备等一些建市的经验。

当时，石油工业部在玉门召开现场会，最后一天是万人表决心大会。台上，来自各油田的代表队正纷纷发言，一位秘书拿着封电报找到我们带队的秦峰同志。秦峰看完电报找到我，说克拉玛依成立了三八女子钻井队，让我写个讲话稿，代表克拉玛依上台向大家报喜。

我当时根本不懂石油钻井，从笔记本上撕了张纸，写了几句话，一路小跑就冲上了主席台。

"我是克拉玛依代表团的，我向大会报喜，我们成立了三八女子钻井队……"台下一万双眼睛看着我。我说完以后，热烈的掌声响了好长时间。

回到克拉玛依没几天，钻探处党委书记只金耀找我谈话，把我调到了三八女子钻井队当指导员。

妇女当钻工哪有那么容易啊？要过五关斩六将，这前两关就是文化关和技术关。

我们队8个民族，42个人，年龄最大的29岁，最小的16岁，只有技术员刘小昭是重庆石油学校毕业的，懂石油，懂钻井，其他人多数人只有初小文化，还有一位没名字、不识字的叫王韩氏，签字时只能按手印。

大队组织我们学文化、学安全、学石油钻井知识，带着我们到其他钻井队参观。当时男同志就笑话我们说："钻井是老爷们干的活，老娘们来干嘛，还不回去带孩子做饭？"还说我们是兔子尾巴长不了，到时候就该哭了。

大家学认字积极的很，有空了就拿红柳枝在地上写，坐车上也比画，回家还让爱人教，让孩子教。3个月我们就摘掉了文盲的帽子，那是什么标准呢？就是认字达到5000个。

当时，大队给我们派了4个男同志当班长，他们是赵孝贤、蔺国通、李二先和李焕强，李焕强还是队长。10多天，我们就掌握了钻井技术，接钻杆、提下钻都不在话下，李焕强向我们竖起了大拇指。

第一口井出油的时候，我们那个高兴呀，都拿油往对方脸上抹，装在瓶子里拿回家给爱人看，还拿到附近男同志的井队上给他们看，非常兴奋。

这第三、第四关就是儿女关、亲情关。那时，我们队的女同志大部分是职工家属，有孩子。上班了，孩子怎么办？工会主席就动员他老伴给我们三八队看孩子。送孩子的时候，孩子大哭，妇女们小哭，坐在车上还哭。有的下零点在宿舍里睡醒了，看怀里抱的是枕头，不是孩子，就哭开了。

1958年8月，我把不满10个月的孩子交给了一位近70岁的保姆，就上井了。1959年初，麻疹、痢疾、合并肺炎同时袭击了孩子，两次报病危都抢救过来了，家里人都没告诉我。

第五关就是恶劣的自然环境关。有一次刮九级风，调度员告诉我，班车送不了班。当天，司钻徐淑芳带着上一班的姐妹已经在井下干了一天。想着她们带的水和吃的都快用完了，又想着接班的姐妹们不知能否按时集合，我心里那个急呀。

没想到，到上班时间，接班的姐妹们都裹着围巾从矿区的四面八方赶来了。

"你们真勇敢啊！"看看她们满身满脸的土，我抱着她们，眼泪就掉下来了。

后来，我们到食堂买了些馍馍揣在怀里，一人挎着一个

行军壶,里面装满了水,手拉手顶着风往井上走。五六公里的路,猫着腰,走一步,退三步,沙子把脸打得发麻。为了让路不那么难走,有人提议说,指导员,咱们唱首歌吧。

于是大家就各唱起自己家乡的小调。上了井,跟井上的班组会合后,大家激动得流下了眼泪。那天我们两个班都留在了井上。

夏天的戈壁滩,温度高达四五十摄氏度,井架子晒得发烫。到中午该吃饭了,带的菜馊了,只好吃咸菜。把带的水喝完了,口渴了,怎么办?不是有柴油机的循环水吗?我们就把里面的油往两边一撇,捧起来就喝。

听别人说,渴极了,人连尿都喝,这话以前我不信,到了井队,我信了。

战严寒,斗酷暑,挑战身体极限……在恶劣的环境中高强度工作,三八女子钻井队的姐妹们结下了深厚的情谊。

侯红丽　黄智明　整理

老會戰

Part 03

克拉玛依油田篇

徐登儿 68岁 口述

儿子不叫『爸爸』还说我『死不悔改』

1975年,没有正式的结婚照,到孩子出生后全家第一次合影

1967年7月,第二个孩子出生后,53岁的母亲没有提前说一声就只身一人从西安来克拉玛依看望,在克拉玛依第一家照相馆合影留念

我是1955年元月(16岁)从陕北延长油矿调来新疆克拉玛依钻井处工作的,在钻井战线上整整工作了36年。

新疆石油钻井曾在20世纪50年代辉煌过,那时"月上千,年上万"带动了全国钻井速度的翻番。1966—1976年,克拉玛依油田也受到了很大的影响,生产停滞不前,技术骨干想走,钻井队停产,最严重时只有一个钻井队打井。

那时对于促生产,大家提出了两种观点,其中一种体现到基层就是总的勘探规模缩小,钻井队数量减缩到历史最低的8个。

生产离不开后勤部门的保障,我就在供应部门工作。当时我们的配件都是内地协作厂家提供的,但受当时情况的影响,内地生产不正常,无法供应配件。

为了保证井队正常钻井,钻井处在俱乐部开了一个大会,很多人上去发言,我是其中之一。我就想,不开钻、不打井、没有油,我们的企业怎么经营?怎么样保证国家工农业生产?

我在大会上拍了胸脯说:"你们钻井队需要什么,尽管有困难,我们也会千方百计地保障你们!"底下钻井队的人听了后,热烈地给我鼓掌。

怎么样保证开钻井队的配件供应?举几个例子,比如泥浆泵上有8个凡尔,凡尔体和凡尔座工作时间长了会有磨损,起不到密封作用,导致泥浆泵没办法正常工作。我们就把旧的拿回来,对磨损的地方重新进行补焊,在车床上加工,再拿到井队上使用。泥浆泵的拉杆时间长了会拉出槽子、磨细,也是拿回来补焊再加工,照样使用。

泥浆泵的缸套内径有130毫米至200毫米不等的尺寸、规格,时间长了也会磨损,内径磨大了不能用。我们拿回来先淬火,再在车床上把内孔镗大,把140毫米的扩成150毫米的,依此类推,再拿井上去用。

另外,井上钢丝绳的死绳头都要用8到10个绳卡固定在传压器上。当时绳卡子坏了买不到,井上又必须要用,怎么办?我发现绳卡子坏都是"U"卡上的丝扣坏了,但上面铸钢的盖子还可以用,就先把它收回来,另外在车床上把35号碳素钢的两头车成丝扣,然后在红炉上加热,放在锻工的铸铁枕子上面,窝成180度的"U"形,再和回收的盖子组合成新的绳卡。那几年井上用的全是我们自己做的绳卡子。

当时有一个名词叫"修旧利废",我们就组织人把井队的废料都回收回来。几千吨废料分门别类,五五成行,五五成方,摆放整齐,旧的把它重新修好,废物也重新利用,解决了生产上很大的问题。

因我的观点与前面缩小生产规模的观点相左,使我受到了一些不公平待遇,其中就有一次从现在的白碱滩区中兴路排着队游街。那天我3岁多的儿子刚好被托儿所阿姨带出来玩儿,看到了我这个事,晚上回家都不叫我"爸爸"了,还说我"死不悔改"。笑过之后心里是说不出的滋味。

侯红丽 黄智明 整理

我在"硬骨头钻井队"打井

张德智 80岁 口述

1963年，参加新疆石油管理局党代表大会、钻井公司成立五十周年时拍的证件照

我1966年大学毕业，学的是钻井专业。我一个农民子弟，祖上七八代也没出过有学问的人，能上大学是托了中国共产党和毛主席的福，所以哪里有石油哪里就是我的家，哪里艰苦就到哪里去，祖国的需要就是我的志愿。毕业以后我就来到了克拉玛依。

克拉玛依是中华人民共和国成立之后发现的第一个大油田。1966年，我们毕业的时候，社会上还比较混乱，分配完却来不了克拉玛依，只得在学校又待了一年，每个月发46块钱的工资，一直到1967年3月才来到克拉玛依1279钻井队。

由于正逢特殊时期，我们的志愿、抱负与实际差距很大。我所在的1279钻井队坚持进行生产，就在二中区、四二区打井。

整个区块七八个井队只有两辆送班车，还都是卡车，夏天太阳晒着，冬天穿着老羊皮。有时候没有车坐咋办？走路上井。

井队搬家也没有像样的吊车，全管理局最大的吊车只有10吨，还是中苏合作时遗留的。没有吊车，卸钻杆、套管都是人抬肩扛的，4个人合作，2个人抬一头，就这样从车上卸。

当时打井我们1279钻井队是第二名，第一名是1284钻井队。四五百米深的井，一开始每个月"三井三完"，后来"五开五完"。我是技术员，忙得要死，完井后井史都来不及写，只能等第二口井开钻后再找时间写。

生活也比较困难，所有东西都是限的，米、面、油、糖、盐、肉。定量是一半细粮一半苞谷面儿，实际上每天上班带的都是苞谷面发糕。冬天放在怀里揣着热乎乎地去了，到吃的时候就像冰疙瘩一样，在炉子上一烤，外头是糊的，里头还是冰块，就那样吃。

1974年，新疆石油管理局要搞深井勘探，成立5014钻井队。抽调了75名技术和思想上最好的汉、满、蒙、回、藏、维吾尔、哈萨克7个民族的职工。当时全新疆才12个民族，5014队就有7个。这75个人里头有3人是老红军的子女，还有一位是梁启超的孙子梁国璋（音），他是地质员，我是钻井工程师。当年，全处14个队受当时特殊时期影响，只有5014队在生产。一方面材料比较短缺；另一方面政治上压力也比较大。

井架子呢，是康世恩担任石油工业部部长的时候进口的15台钻机之一，从1964年进驻克拉玛依，放了10年。启动的时候没有资料，也没有技术，很少有人懂外文，我们花了40天把架子整理出来，拉到现场用了145车次。

过去我们打井只停留在2500米至3000米，5014钻井队第一口井打了3648米，创造了一种精神，1975年被石油工业部授予"硬骨头钻井队"称号，也培养了一大批技术人员，从一个队变成三个队，分别接了4000米、5000米和6000米的井架，为全局深井勘探打下了技术基础。

1980年，钻井处开展夏子街会战，我到了三大队。会战比较困难，17个队有14个出了事故，有的事故一年都没有处理完。我每天跑陆梁、石西，到井上了解情况。早晨出发，深夜两三点才能回到乌尔禾基地，满身沙土像泥人一样，一个月回家一两次。最后，没用三个月，14口事故井全部处理完，恢复了正常生产。

后来三大队在全处5个钻井大队中进尺最高，速度快又安全，还发现了几个区块，其中在风城打了几口稠油井，发现了3.5亿吨的储量。三大队成了全处的标杆钻井大队，也培养了好多干部。凡是在我们那儿当司钻、技术员的，后来都成了管理局和钻井处的主要干部。

侯红丽 黄智明 整理

The Petroleum Veterans

张金山 82岁 口述

不能忘记英雄

Zhang Jinshan

1959年，我从北京石油地质学校石油地球物理勘探专业毕业。那个年代，我们的理想就是为祖国找石油，到最艰苦、祖国最需要的地方去。虽然我是土生土长的北京人，但是毕业时的首选就是新疆。

毕业后，我被分配到了南疆塔里木地调处404/59电法勘探队，感觉全队上下气氛有些异常，后来才知道前任队长陈介平刚牺牲不久。

不久我又被调到局属塔里木依奇克里克油矿电测站，参加夺油开门红会战。

1960年的大年三十晚上，我们从依矿东高点测完井返程，途经一座冰河小木桥时，仪器车抛锚。经过大家一个多小时的推车，依然没有排除故障。随后，其他同志步行返回30公里外的驻地，我和队长留下看车。

当时，山谷里到处是冰雪，为了推车我们脚上穿的毡筒浸湿进水，冰冷刺骨，再加上饥肠辘辘，那个夜晚对我来讲，是进疆后的第一次大考验，也是在这里我度过了人生中永远不能忘怀的除夕之夜。就在那天夜里，队长看我情绪低落，指着对面的峡谷，给我讲起了健人沟的故事。

1958年8月18日，女队长戴健和地质队员李越人在那里进行石油地质调查时，突遇山洪暴发，不幸遇难，健人沟就是为了纪念牺牲的两位同志而命名的。1958年，仅地调处就有9名同志在找油的路上献出了年轻宝贵的生命。他们中不仅有陈介平，还有杨虎城将军的女儿杨拯陆。

在这个难忘的除夕之夜，这些故事深深震撼了我，"我为祖国献石油"的决心更加坚定。

1983年4月，与测井研究所工程师陆怀强随井资料验收，在斯伦贝谢车前拍摄

1964年6月，我调回克拉玛依油田，当时油田由于产量快速下降，正处于调整期，大家都铆足了劲搞上产。那时物资仍很匮乏，也吃不饱肚子，睡梦中常被饿醒。由于营养不良，很多人患上了浮肿病，少数人经受不住，索性长假不归，不辞而别。但绝大多数同志依然坚守岗位，经受住了考验。由于受科技水平的限制，我们工作的劳动强度很大，只能一边饿着肚子，一边加紧搞勘探。

今天，在很多烈士献出青春和生命的新疆，石油人经过艰苦的拼搏，已经建成了克拉玛依、塔里木、吐哈三大油田，新疆已成为我们国家举足轻重的能源基地。现在的克拉玛依已建成了年产千万吨的现代化油气田。老战友们有的牺牲在油田勘探开发过程中，有的已经老去，但我们为新中国石油建设做出的努力却没有白费。

几十年来，每每想起在找油路上牺牲的同志和故去的战友，我的心中总是不能平静，百倍珍惜今天的幸福生活，对克拉玛依的一草一木、一砖一石都有很深的感情。

我希望现在的人们，不要忘记我们生活的幸福生活中，曾经有一代代英雄先烈的付出和牺牲。吃水不忘挖井人，要牢记历史，不忘初心。祝福我们的国家越来越好。

1963年4月，在新疆石油管理局塔里木地质勘探处，依奇克里克油矿电测站测井仪器车前拍摄

莫延兰 宋鹏 整理

The Petroleum Veterans

张文经 85岁 口述

杨拯陆是我的党小组组长

1954年7月，高中毕业，准备去西安西北大学地质系上学，在家乡陕西省城固县留影

我于1956年从西北大学毕业，分配到克拉玛依工作，老家在张骞的故乡——陕西省城固县。从小就听张骞出使西域的故事，学的又是石油地质，当时我的理想就是到新疆来，所以第一志愿和第二志愿填的都是新疆。

但是分配的时候把我分到了北京。我坚持要来新疆，就向组织上打报告，最后才如愿以偿。当时把我分配到地调处106队，杨拯陆在107队，是我的党小组组长。我工作的地点在阜康一带，她在更东边。

1958年冬天调到克拉玛依，我们从乌鲁木齐出发走了3天才到达。那时全国各地支援克拉玛依的人很多，一路上都没地方住。到独山子时，招待所都住满了，就安排我们住俱乐部。等电影放完了，我们在俱乐部门口打开行李睡了一晚。

到了克拉玛依也没房子住，正好在黑油山（离我现在住的养老院不到100米的地方）有地窝子，我们第一天就住那儿。

1958年克拉玛依成立研究所，规模挺大，包括了钻、采、炼，我任组织干事。当时宋汉良入党，我是两个介绍人之一。1964年受家庭成分影响，我就到研究所下面的地质大队当技术干部，搞印刷、制图。

1976年研究所成立农场，我成了第一任厂长兼支部书记。1976年后开始抓勘探，我就到了钻井处，参加了八区的调整会战、百口泉会战、夏子街会战，1981年又参加了准噶尔盆地东部的五彩湾会战。

1981年11月，钻井处选中了32836钻井队打彩参1井。搬家的过程很艰难，恶劣的路况严重影响车辆的行进速度。第一天在独山子住宿，第二天住石化总厂，第三天住吉木萨尔，第四天到木垒县芨芨湖边防检查站，第五天最艰苦，完全进入了没有人烟的戈壁大漠。

在芨芨湖湿地，车辆一不小心就会陷进泥窝子，只能往车轮下填东西，所填的有备用的木板、毛毡，甚至身上的皮大衣。至于住宿更成问题，井队人员爬上还没卸下来的列车房就睡，大车司机睡驾驶室，剩下的人睡在两个事先挖好的地窖里，铺一张大帐篷，大家席地而卧。刚睡下时总感觉身下硬邦邦的，高低不平，第二天起来一摸，软软的发凉，一看才知道，原来大家睡在了冻草泥上，一晚上竟把它暖化了。

这部整建制的大庆-130型钻机，搬家动用了40部大型车辆，整整5天时间，主要因为交通不便。

经过各方面的努力，这口井在1982年入冬前顺利完钻，并取得了满意的岩心、电测等珍贵资料，为第二年五彩湾全面会战打响了第一仗。

1983年，钻井处又组织32947钻井队到五彩湾打火南1井，结果出油了。管理局在火烧山成立了五彩湾勘探会战指挥部，钻井、试油、筑路等指挥部也先后成立，只用了3年时间，就把这沉睡多年的不毛之地变成车来人往的会战工地。为此，钻井处在五彩湾组建了钻井五大队。

回忆起来，五彩湾会战好像还是不久之前的事，后来我又去过十来次。想起1956年刚来新疆的时候，我曾在准东搞过3年的地面地质调查，熟悉那里的山山水水，几乎每一道山沟，我都可以叫出它们的名字。在三塘湖，还埋葬过我的战友张广智和杨拯陆。

1958年我在水磨沟丈量地质剖面时，那里几乎找不到居民，上山靠骑马。我第一次到天池时，感慨不已。现在那儿也成了中外著名的旅游胜地。虽然当年来克拉玛依吃了不少苦，但这是我一辈子的荣耀，现在我住在克拉玛依黑油山条件最好的养老院里，又回到了梦想开始的地方。

侯红丽 黄智明 整理

张毅 94岁 口述

我一生最宝贵的是工人时期

1951年，我从北洋大学采矿系毕业。那时候中华人民共和国刚成立两年，国家一穷二白，急需能源工业助推经济发展。我们班是中华人民共和国成立后第一个石油专业班。毕业以后，整个华北当年的大学毕业生根据党中央的决定又集中至北京学习，中央有关领导讲大课，动员大家到最艰苦最需要的地方去工作。党中央最担心的是我们找不到老婆，请蔡畅同志做了有关报告。当时我的志愿：一是新疆中苏石油公司；二是玉门油田；三是服从组织分配。

半个月后，北大、清华及我们学校的十几名同学被第一批分配到了中央西北局，上了半个月党课后，我们6名同学分配到了新疆中苏石油公司。

我和同学们从北京出发，一个月后才到乌鲁木齐。当时新疆还有土匪暴乱，是解放军一路护送我们入住自治区党委大院的。两天后，中苏石油公司干部处派了一辆拉工作服的大卡车接我们去独山子。车厢里放满了工作服，我们就坐在工作服上，比车顶还高，整整一天后才到独山子。

当时采油工作量不多，干部处就建议我们搞钻井，于是我们3个人被分到钻井处。当时钻井班就我一个是汉族，其他都是少数民族，还有几位苏联专家。我遇到的第一个难题是语言不通，幸好有一位维吾尔族同志懂点汉语，给了我很大的帮助，是我的第一位师傅。为了学习俄语，我用身上仅有的50元钱，买了一本俄文字典，在俄文专家办公室翻译的帮助下，苏联专家定期为我们讲课，并做作业，渐渐的我的俄语越来越好。

井队有一位苏联专家，每天骑马上下班。当时我是队里最小的，他每次一到井队，就把缰绳给我，我的一项工作就是打扫马圈、喂马。那时的苏联专家非常重视培养中国技术干部，经常给我们讲课、培训。

两年后，我工作表现好，升到了七级工的司钻、钻井班长，到了钻井处生产技术科。科长是一位苏联人，对我非常好，苏联总工程师更是亲自指导我。他是穷人出生，大半辈子是边工作边学习，经验非常丰富。我这一生最感谢的就是他，我的本事大部分是他教的，生活上也很关心我，还给我缝了一套西装，开会时穿。

1966—1976年，很多老照片被销毁了，但我和他的合

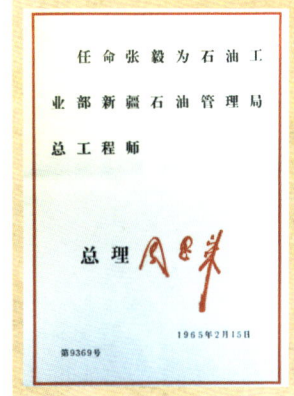

1965年2月，中华人民共和国国务院周恩来总理给张毅颁发的石油工业部新疆石油管理局总工程师的任命书

影被我一直珍藏了下来，因为他是我的老师，也是我一辈子的恩师。

现在回想，我在钻井一线工作的那段时间，决定了我以后一生的工作态度。

我记得，刚开始在北洋大学上学时，有时进城回不来，去饭馆吃饭，身边总会有搬运工来来往往，他们一边流着鼻涕，一边擦着鼻子，身上看起来很脏。那时，每次看到这样的情景，我都难受得吃不下饭。可当我有一天成为石油工人后，发现自己甚至连他们都比不上，我比他们更脏，浑身油污，怎么洗也洗不干净。

但是，正是这段工人经历，增强了我对工人阶级的感情。等我当了领导以后，我定下一个规矩，所有的大学毕业生，必须从基层工人干起，我要让他们增强对工人阶级的感情，不论干什么都不能忘了工人阶级。

从克拉玛依油田发现到投入开发，我参与过钻井、注水、油田开发、炼油等一系列建设。最早克拉玛依缺水，我就研究用当地硫化氢水注水，后来又研究测井工具改革，再到后来，我自修有机化学，搞乙烯开发。

1957年，我加入中国共产党。我这一生，党组织让我干啥我就干啥，我最感谢中国共产党，是中国共产党培养了我、提出了正确的路线方针，让我们国家在政治上、经济上彻底打了一个翻身仗，让全国人民过上了好日子。

莫延兰 宋鹏 整理

1988年，在一招二楼拍的照片

老會戰

Part 04

四川油田篇

1958—1959

根据中央的指示，1965年6月1日，石油工业部成立四川石油会战领导小组，从西北、东北、华北十多个石油企业调集4000多名职工，以威远构造和泸州古隆起为主战场，开展"开气找油"会战。参加会战的人员都为自己将成为"第二个大庆油田"的创业者而自豪，忘我地投入工作。

尽管后来由于某些原因，会战被迫结束，但为了实现奋斗目标，短短一年时间，仍旧发现了十亿吨级气田，兴建了从威远到成都、从长垣坝气田到纳溪及东溪气田再到石油沟气田的输气管线，为四川天然气工业打下了基础。

会战场景历历在目

陈群 90岁 口述

Chen Qun

陈群的工作照

我亲身参与了川中石油会战、四川石油会战。60多年过去了，当年的场景还历历在目。

1952年，我从西南石油专科学校毕业，去西北实习了半年，在陕北四郎庙钻探大队当钻工，学习钻探技术。回来后，到西南军政委员会西南石油勘探处报到，是中华人民共和国成立后四川最早的一批工程技术人员。

1958年4月，川中石油会战打响。那年夏天，我被调到川中二大队，20多岁，又是工程师，情绪高涨。会战期间24小时连轴转，不分白天晚上，希望在川中找到大油田。那个时候，只要听到哪口井打出油，各个矿区都会沸腾。

当时条件很差，用的苏联设备很落后。稍微钻快点钻杆就断了，打捞起来很费劲。我们工程师主要在处理钻井事故上下功夫。比如断了两处，要先找准断的一截，再找带钻头的一截。钻速慢，钻井速度就慢。有一阵子还兴起"超声波打井"，我带了一车工人连夜从南充到岳池去学习"超声波打井技术"，后来不了了之。

我在浅钻上下了不少功夫，用大钻技术武装浅钻。浅钻功率小，钻的速度慢，岩心也取不上来。我采取了改造措施，原来一台钻机一台泵，我改成一台钻机两台泵。泵压排量提高了，打进去的液体多，返出来的东西就多，井底干净，钻井速度就快了。小钻用的合金钻头，我就改成大钻用的小尺寸牙轮钻头，水龙带换成大钻用的水龙带。钻机没动、井架没动，速度很快就提上来了；浅钻主要是取岩心。通过不断换钻头，加长取岩心的长度，岩石取心收获率达百分之百。这个事情汇报到新疆，在那次现场会上得到余秋里的表扬。四川得到"浅层钻井帅旗"一面，为四川争了光。

后来又参加四川石油会战。1966年初春的一个晚上，我参加了会战领导小组召开的全局电话会议，会上宣布立即组建浅层气勘探开发指挥部，对江油厚坝地区的浅层气进行勘探开发，同时进行火烧油层技术的试验研究，从川中矿区抽调两台钻机前去参战。我是会战指挥部副总调度长，电话会议结束后，我连夜赴江油组织这件事。

我不知道厚坝在什么地方，距离江油有多远，乡村公路路况如何，这些既超长又超重的车队进不进得去？摆在面前的困难和不确定性实在是太多了。怎么办？找县委！

我直奔县委，向县委书记汇报了情况。书记听完我的汇报后十分高兴，欢迎石油队伍来江油地区找油找气。他随即安排了一名副书记陪同我们前往。一路上，车队别断电灯线、电话线的事时有发生。拐弯时，一辆拉井架的大卡车把一间理发店拉垮了，里边有几个人在理发，屋顶的瓦掉下来砸伤了几个人的头部，流了不少血。类似这样的事，全靠那位县委副书记出面调解。

从江油县到厚坝镇大约只有60公里，车队跑了5个多小时，快到目的地时又遇到一道难题。那是一条小河沟，宽5米到6米，深2米左右。石板桥，年久失修，过桥车辆的转弯半径不够。这时，又是县委副书记出面，找来民工挖路，扩大转弯半径，卸下十几根钻杆加固小桥。就这样，在天黑之前，所有车辆全部安全过了桥，顺利抵达了目的地。

在连续奋战七天七夜后，第一口探井终于开钻了。当这一消息汇报到红村后，得到了会战领导小组的高度评价。我也在此时才找到我尚未打开的行李，美美地睡了一觉。紧接着第二口井也开钻了，参加会战的队伍陆续从四面八方赶来，生产生活井然有序。会战领导小组派董金璧同志来接替我的工作；我怀着对当地党委、政府和群众的感恩之情，离开了江油厚坝，回到了红村，新的任务正在等待着我。

冯雪梅 整理

我的师傅是郭孟和

董金璧 94岁 口述

1952年,董金璧与师傅郭孟和(新中国第一位石油工人劳动模范)合影留念

刚参加工作时的董金璧

我的家乡在陕西省铜川市董坡村。1942年,我经历了炮火的洗礼。1952年转业到石油战线,在甘肃玉门,祖国石油的"摇篮",我从不懂勘探的"油盲"成长为石油勘探领导。1958年,转战川中参加会战,从此扎根四川,为四川油气事业发展贡献力量。

1958年5月上旬,我们乘坐从玉门直达成都的专列,专列上有秦文彩一家人、李敬一家人和我们一家人,还有安装队、钻井队。很多人是第一次坐火车,几天几夜长途奔波,尽管有些不适应,但职工家属都很高兴。

我被任命为龙女大队队长。到了成都后,来不及安顿妻儿,当天就坐着一辆威利斯小车直奔龙女大队。沿途看到公路两旁到处摆放着从玉门和全国各地运来的物资和设备,杂乱无章,令人着急。

汽车到了大队部,我把行李草垫甩到办公室,又立即赶赴女2井、13井、14井,现场察看和询问,回到队部已是深夜12点。食堂已经没有开水,干啃了一个冷馒头,就拉开行军床躺下,心里想着:女2井为啥不出油?那么多设备器材在淋雨总不是办法……

第二天我组织召开了机关科室长会议,分析面临的形势和问题,对科室人员做了具体分工。经过一个多月现场了解和同志们的共同努力,各项工作步入正轨。6月中旬到局里开会,我也准备回家看看,家临时安顿在南充的一处简易平房里。踏进家门,屋子里静悄悄的,只见大儿子和女儿跑来跑去,却没听到三儿子的声音。我的三儿子最招人喜欢,调皮又漂亮。爱人陈培华见我回来却一言不发,情绪低落,完全没有过去那种亲热融洽的气氛,顿时让我产生了不祥的预感。"三娃子呢?三娃子到哪里去了?"爱人眼圈一红,转过头去抽泣:"你还知道有个三娃子?在火车上三娃开始拉肚子,你走以后一直拉个不停,吃什么药都不见效,最后住院抢救也晚了。"

听了爱人的讲述,我感到天旋地转,眼泪止不住地流。老母亲哭肿了双眼,一直埋怨我只顾工作,不管家人的死活。许多年过去了,这件事就像一道刻在我胸口上的伤痕,每当我回忆起来都感到揪心的疼痛。

1963年,四川提出"油气并举,以气为主"的勘探方针。川中大批钻机调到川南矿区,人员也增加到三四千人,勘探地区面积增大,对沈公山、长垣坝、打谷场等构造进行重点勘探。1965年康世恩部长到川南检查工作时对我讲:"董金璧,这个'糖葫芦'每个构造都有气,你们快上钻机打。"为学打气井技术,首先到有名的3299先进队学习。队长李文德是我们石油师的战士,指导员金举生是先进政治工作者。我虚心向他们学习,不仅学到了许多知识,还总结了该队以岗位责任制为中心的管理经验,并在全矿区推广。

1966年春节过后,石油工业部提出了"大上厚坝",任命我为厚坝矿区党委书记、指挥。

"大上厚坝",各路人马争先恐后表决心,请战应战,你追我赶,热气腾腾。十多台大小钻机在荒山野岭的夹皮沟里摆开,到处是会战的草房,到处是会战的职工,不分昼夜一个劲地干,看谁家先打成斜井、先打出油,捷报频传,士气高昂。

一个小山沟,一个小镇子,条件相当艰苦。为了找油,几千人拼死拼活地干,现在看来不可思议。在那个激情燃烧的岁月,正是"我为祖国献石油"的会战精神激励着大家。

冯雪梅 整理

老會戰

No. 01 — 四川油田篇

四川石油第一代机械技师

董玉莲 87岁 口述

Dong Yulian

威远气田会战，董玉莲就是依靠自行车往来穿梭于威虎山的大大小小山头

董玉莲全家人合影

离开故乡几十年，我却依旧说着一口家乡话，似乎只有这样，才可以弥补对遥远故乡亲人的亏欠。正因如此，周边能完全听懂我说话的人不多，所以也就养成能用一句话回答决不用两句话解释的说话习惯。

1948年，那一年我16岁，成了延长油矿炼油厂的学徒。由于个头儿太小，总会让人担心能否胜任挑冷却水的工作。正因如此，19天后我就被派去学修汽车——当时打仗打坏的汽车急需修理，油田的柴油机也需要修理，所以厂里的人认为让我去面对复杂的机器肯定比挑水更合适。就这样，我开始了自己的机修工人生涯。多年后儿子董川明和我谈起这一段经历，我对他说："这也是我没想到的。"

两年后因为技术不错，我又被安排修建汽车应急发电厂。修建发电厂学到不少东西，自己的技术也渐渐得到认可，很快就从开始的普通维修工转到了当时被认为技术要求最高的钻机维修工。那可是一件很自豪的事情，那些设备可是从国民党手里缴获的美国的4000米钻机。之后，我又接触到进口的钻进设备，并担任了大班司机。那个时候，我20刚出头，就使用并维修过当时最先进的钻井设备，也因此开始和石油结下了不解之缘。

1955年12月5日，作为技术专家我离开家乡，参与隆昌气矿的筹建，直到在这里退休。原四川石油钻井队与当时的303厂合并成立隆昌气矿，目的是在原四川天然气零星钻探的基础上落实在四川找油找气的最高指示，为当时亟待复兴的民族工业提供基础保障。从1956年开始，一直转战在泸州、自贡地区的各个可能蕴含油气的地方，挑战高木顶等在内的复杂地质结构。直到1965年四川石油威远会战开始之后，我又告别熟悉的内燃机，调到川西南矿区新成立的采气队担任队长，后来成了四川石油管理局川西南矿区副矿长。

威远气田会战对我来说成了最艰难的挑战。再复杂难懂的机械都可以拆开解剖，可是一口气井除了在地面的采气树，一切都深埋在地下，尤其是四川地质结构复杂。面对难题，我只有依靠当时为数不多的几名专业人员，硬是扛下了气田早期开采的所有难题。当中国陆上第一条天然气长输管线——威成线投入使用，威远气田的天然气通过长输管线为成都提供源源不断的天然气的时候；当看到荒野中第一座脱硫厂建成投入使用的时候，我对自己说："我有多幸运，不仅见证还参与了很多个中国天然气的第一，这一辈子没有遗憾！"

从延长油矿到四川油气田，从一名学徒工到钻井机械技师，再到第一任采气队长，我离开的是故乡，而从来不曾离开的是始终如一、平淡从容中的坚持，是终身聆听到气流声时的自豪。

刘燕 整理

放下钢枪 为油而战

董中林 93岁 口述

董中林与妻子张秀云

我出生在山西省万荣县的一个小山村，13岁参军抗日。1952年，我所在的57师集体转业到西安石油钻探局。3年后我来到四川，先后参加了川中石油会战、四川石油会战。1970年，去江汉参加了两年会战。离休后，参与了《石油师》《石油师人》两本书的组稿工作。对石油师、石油会战有着深厚的感情。

1952年8月1日，此生难忘。在汉中市北教场，全师建军节庆祝大会上宣读了毛泽东主席命令："我批准中国人民解放军第19军第57师转为中国人民解放军石油工程第一师的改编计划。"从那一刻起，石油师这支曾在抗日战争和解放战争中立下汗马功劳的英雄部队，放下钢枪，为油而战，成为中国石油工业的奠基者。

1958年川中石油会战，是新中国组织的第一次石油会战，是一次对新建的石油勘探队伍进行"大兵团"作战的实践考验。那年11月18日，在南充市军分区礼堂召开了誓师大会，各路健儿上台争先表决心，立战书，大大鼓舞了士气。我当时任蓬莱大队队长，蓬莱战区在保证野战营正常工作的同时，哪怕只有一台钻机正常工作，也要暗暗开展比赛。蓬5井职工喊出口号"旋转钻机超滑轮，罗马钻机显威风，打过月进千米关，红旗插在郪江边"，会战中你追我赶的纪录不断被刷新。

会战中，石油师发扬解放军的好传统、好作风。一方面，余秋里部长、康世恩副部长和各战区的上要领导基本上都曾是解放军中的首长，他们很自然地把解放军的工作作风、工作方法运用到石油会战中；另一方面，参战职工中，原石油师和先后复员转业的指战员占了相当大比例，他们能够把在部队熟悉的思想政治工作得心应手地运用到工作中。在南充誓师会上，余秋里部长指出要学习解放军"支部建在连上"的经验，要在川中石油会战的基层队和车间建立党支部，设立政治指导员，这一经验后来在全国工业战线推广。

1965年，四川石油会战提出"一切为了70亿，一切为了找油田"的目标。"开气"重点在川南地区，找油提出"三个大上"：大上川中华蓥西、大上川南古隆起、大上川西北厚坝。我被点名大上泸州古隆起，目的是动用近10台钻机解剖古隆起，弄清风化壳含油气情况。任务基本完成时，塘河1号井发生强烈井喷，涌现出血战火海的32111英雄钻井队。

当石油工业部副部长、四川会战指挥部组长张文彬来川南时，我建议为尽快探明塘河构造含气范围，由我带5台钻机力争年底打10口井。张文彬副部长是57师和石油师政委，对我比较了解。8月，张文彬副部长再次来泸州，他要求我随即组织钻机上塘河，年底完成10口井，查清构造含气范围。

时间紧，任务重。我一方面组织力量现场定井位，另一方面要求钻前团从赤水步行到塘河。在工具未到前，用手拔草，搬动可搬的杂物。钻前4团同志干得非常好，保证了塘3、塘5、塘7、塘12、塘17等井的安装开钻。奋战塘5井的3298队职工，在搬运安装开钻后，已过了几天才找到自己的铺盖。物资供应部门提出"前方打打打，后勤保保保"，在榕山镇利用长江水运设立物资转运站。

为在英雄阵地学习英雄血战火海的精神，激励参战职工完成年底拿下塘河构造，会战指挥部在塘河1井现场修建了展览馆，培训解说员，参战的井队都组织职工前往参观受教育。由于上得急，住宿成了大问题。不少参战人员就睡在松林子里，豪迈地喊出"天当房地当床，松林子里架蚊帐，毛泽东思想似食粮，大雨来了赛澡堂，英雄阵地学英雄，会战之中立新功"的口号，热火朝天地对塘河构造展开整体解剖。

1971年8月,根据1970年成立的燃料化学工业部领导的指示,对泸州古隆起再次进行勘探会战。4000余名参战员工顶住干扰,两年时间钻成106口探井,掌握了二叠系裂缝性气藏特征,总结出"占高点、占鞍部、占断块、沿长轴、沿扭曲、沿陡带"的"三占三沿"布井原则,有效提高了钻探成功率,极大地推动了四川裂缝性气藏的勘探开发。

冯雪梅　整理

我的『红村』情结

樊贞珍 74岁 口述

1963年，我进入四川石油学院矿场机械系学习，1966年去红村实习。大学毕业后，就在红村工作，结婚生子也在那里，把最美好的青春奉献给了那片热土。后来又参加了江汉会战、宁强曾家河会战。这一辈子不忘初心，不辱使命，始终有一个红村会战的情结。

1965年初，为反对霸权、加强备战，国家开始西南"三线建设"，逐步改变中国工业布局。6月，石油工业部四川石油会战指挥部成立。8月，在威基井打井发现一个"大气虎"，压力之大，把整个地层憋开，河里都在冒气泡。石油工业部汇报到党中央，毛主席指示："三线建设要抓紧，在西南地区光搞煤不成，还要搞点石油，搞点气。"9月，四川石油管理局机关从成都搬到会战中心地威远县越溪镇，对基层实行面对面的领导，加强对生产一线指挥。

本着"不占农田、少占地"的原则，机关人员一边办公，一边在位于威远县新场镇的曹家山开荒、劈山，就地取材，吃住在工地窝棚，仅用半年时间就沿山坡修建起了几十栋用片石筑起的指挥机关办公房、千人大礼堂和三层楼的招待所。1966年3月，四川石油管理局机关各处室迁往这里办公。因为会战倡导发扬延安革命精神，走大庆道路，建设革命的红村，所以会战指挥部所在地被命名为"红村"。

我去红村实习时，正好赶上会战动员大会。大会在河边搭个台子，一面写着"山外青山楼外楼"，另一面是"无限风光在前头"，横幅是"一切为了70亿、一切为了找油田"。来自全国各油田的队长们争先抢话筒表决心，就像打擂比武一样。现场红旗飘飘、锣鼓喧天，我们戴着铝盔、穿着石油工作服，感觉特别豪迈。动员会后，队伍就开拔，奔向山里去打井。

整个会战纪律很严：一不准住旅店，二不准"吃馆子"，三不准喝酒。会战初期，条件有限，甚至连夫妻也是各住各的宿舍。选树了王信武等7名战区标兵，以"一不怕死、二不怕苦、三不爱钱、四不为私"的标兵精神，鼓舞士气。那时我们夜以继日，为了70亿目标甩开膀子拼命干。想起红村会战场景，至今仍激动不已。

红村会战进行了两年，因当时特殊情况而终止。我认为会战取得了至少三大成果。第一，天然气开发从最古老的震旦系入手，找到中华人民共和国成立后的第一个整装大气田——储量达400亿立方米的威远大气田。第二，从无到有，建立了中国天然气工业体系。邓小平同志来视察，见到我们放喷，都觉得震撼；山呼海啸，地动山摇，高产气井上百万方气体喷出。勘探天然气是新的事物，我们敢为天下先把它抓出来，它含硫化氢，有毒，我们又去攻克难关脱硫净化，成立专门的脱硫厂搞天然气净化加工。建成了国内第一条大型输气管线威远—成都的输气管线，供成都市区和成都热电厂工业用气。形成了中国第一个天然气工业基地，包括了勘探开发、净化集输和工业利用。第三，培养了队伍，探索了经验，总结成果并向外推广。比如，1991年科威特灭火，去了62名四川石油人，英勇善战，出色地完成了任务。这和红村会战中涌现的血战火海保住大气井的32111英雄钻井队是一脉相承的。

冯雪梅 整理

让"我为祖国献石油"精神永存

韩政安 77岁 口述

1966年2月，广安会战打响，韩政安参加会战前与政治部办公室同事合影

1974年，毛主席发出"认真看书学习，弄通马克思主义"的号召，图为韩政安学习政治理论知识

我是陕西人，1963年从学校毕业，1964年就被分到了当时的蓬莱油矿，从此就在川中这片热土上扎了根，一待就是几十年。

1965年1月，川中磨一井等几口井相继出油，中央领导同志要求，一定要在四川搞出油来。于是1965年1月17日，四川石油管理局在当时的遂宁县高中礼堂召开了三级干部会议，部署和动员川中石油会战。我当时是3295队的一名实习员，作为技术干部的代表有幸参加了这次会议。当会上提出决心要在四川搞出石油和天然气时，参会的石油工业部领导秦文彩同志突然站立起来，举起拳头高呼："一切为了70亿，一切为了大油田！"会场立即齐声响应，跟着高呼口号，一下子把会议气氛推向了高潮。这次会议拉开了川中第三次会战的序幕。

会后不久，上级决定成立川中会战指挥部，负责会战全面工作。会战首先在大石地区的吉祥区块打响。一个多月内，大石16井、大石17井、大石18井、大石20井接连4口井相继开钻，一共上了7部钻机，速度之快前所未有。我当时被借调参加了吉祥会战工作组，驻在1811队打的202井，任务是总结这个队司钻史秀才的取心经验。我们随队搬上去，直到打完这口井，都是和井队工人同吃同住同劳动。当时会战上得猛，各方参战的人又多，后勤保障跟不上，条件非常艰苦。钻前工程还未完，钻机就开始搬，工人住的是席棚，地面是农田，潮湿松软，床铺刚安好，坐上去4条床脚就陷进泥土里，我们和工人一起都住在这样的席棚里。钻这口井的时候正值盛夏，闷热难耐，没有风扇，席棚上也没有遮阴的，中午无法休息，就在老乡的竹林里乘凉。井队没有浴室，工人下班回来，一身汗水一身泥浆，提一桶冷水一冲了事。生活上粮食有定量，副食凭票供应，能填饱肚子就不错了。面对这样的条件，没有人叫一声苦，喊一声累，大家只有一个愿望，就是早日在吉祥见到成果。吉祥会战虽因各种原因中途停止，但深化了我们对石油勘探复杂性的认识，懂得了取得第一手资料的重要性，丰富了地质理论和实践的宝库。

紧接着1966年2月，川中第三次会战的第二阶段又在广安地区打响。2月19日，我们第一批会战人员到达广安。没有驻地，就借住在大兴镇一个老乡家里。当时我们参加了广19井的钻前工程劳动，白天劳动，晚上组织学习。早上起床后人多没有水，就在老乡的稻田里洗脸。2月份天气乍暖还寒，清晨冰冷的稻田水洗脸刺骨难忍，大家却毫无怨言。老百姓也很朴实，对在他们那里找石油的同志非常欢迎，各方面都给予大力支持。就这样，我们和当地民工一起经过一个多月的艰苦劳动，一个山头削平了，井场修好了。321队很快搬上去，3月26日正式开钻。由于长时间在老乡稻田里洗脸，有的同志脸过敏了，出现了红肿，长时间没有洗澡身上发痒，但照样坚持干活。9月，1442队打完广37井后，要抢时间尽快搬到相距2.8公里的广24井，当时运输车辆少，没有吊车，是等其他队搬完后再搬，还是另想办法？指挥部领导决定，要发扬大庆人拉肩扛的精神搬上去。一声令下，机关后勤和辅助单位一下子就有30多人参加。人多就分成几个组，分头包干钻机各个部位。机关那个组负责搬有两吨多重的底座，怎么搬？大家想办法，采取下面垫上管子，前面两排人用绳子拉，后面一排人用撬杠推，领导和大家一起喊着号子，凝聚力量，管子一根一根向前换，底座一寸一寸向前移。2.8公里的距离，就这样靠人力安全地搬到了新井场，搬完后已经是晚上9点多了，井场没有照明，就打着火把简单地进行了现场总结。这次搬家再次显现了"有条件要上，没有条件创造条件也要上"的大庆精神铁人精神。

川中经历了"三上三下"的石油会战，培养和铸就了知难而进的川中精神。我能够参加到其中去倍感荣幸，这是我一生的财富，直到现在回忆起来都能感受到当时的热血沸腾。

杨力 张丹 整理

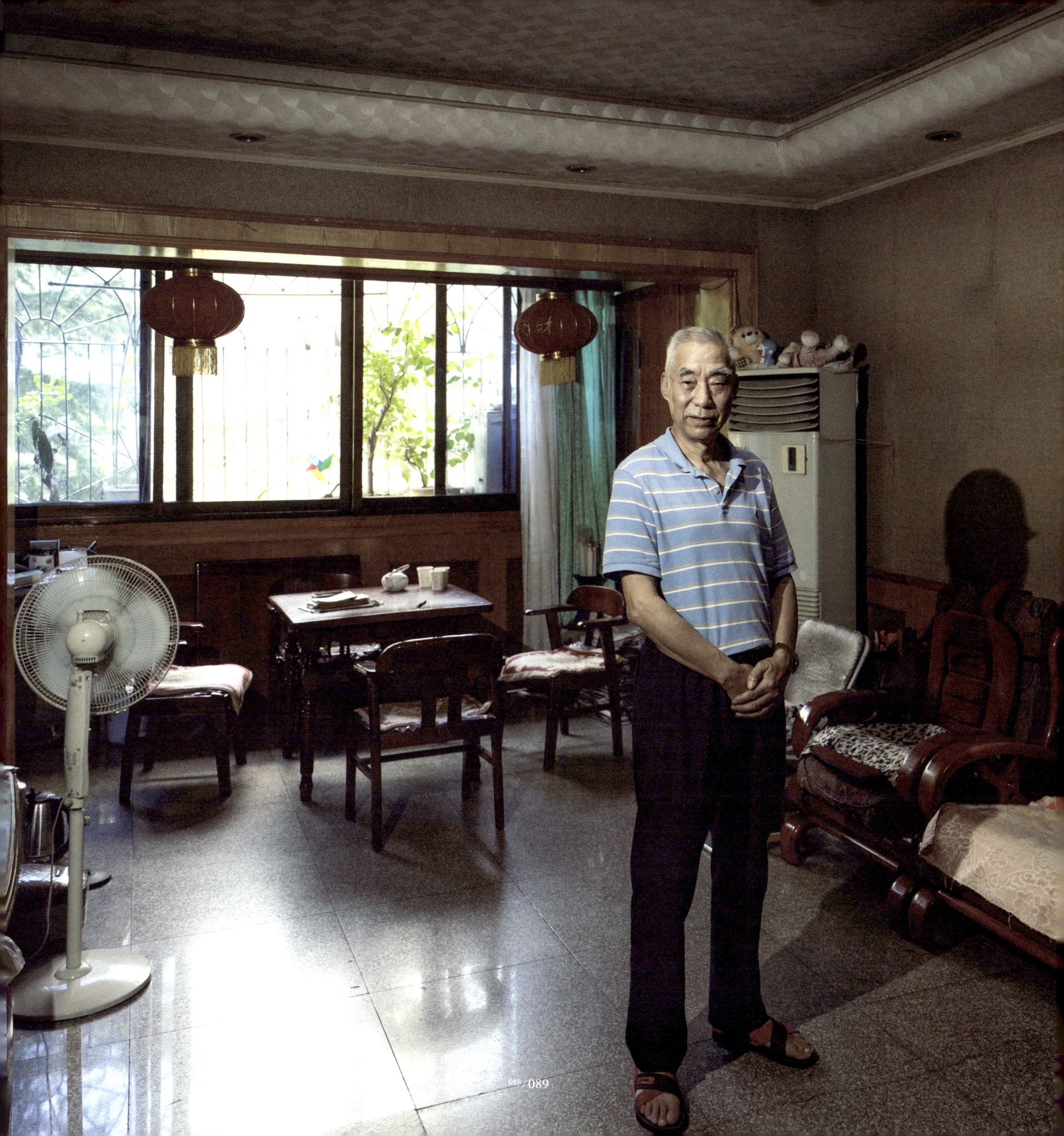

The Petroleum Veterans

贺鼎元 80岁 口述

"贺大爷"的非寻常路

He Dingyuan

至今我依然记得刚任矿长就面对的一场严峻考验。

当时作为老矿区重要接替区块的荷包场构造四号井出现井喷,我第一时间出现在包四井抢险现场。荷包场属于高压区块,巨大的压力使封井器仪表指针不断跳动指向极值,为了解井口情况及时有效应对,在气流嘶哑声中,作为钻井专业出身的我知道有多危险,想着我若不能镇静,不能给职工树立榜样,整个抢险就可能会更不可控。一番安排后,我走在最前面,队长和钻井工程师在身后半米位置,扛着摄像机的记者被保护在中间……那一刻,在场参加抢险的人们眼睛里透出的全是敬佩。我记得现场的人说:"贺大爷在,怕什么!"("大爷"这个词,在川西南是人们对某一方面特别厉害者的尊称。)

包四井抢险成功之后,针对在抢险中出现的问题,我要求各专业科室集中力量对放喷管道进行革新。从那以后,井队放喷由沿地面铺设改为高空放喷,这一革新既减少对地面包括作物在内的损害,同时放喷器的安全性也得到进一步提高。这项革新沿用至今,成为钻井标配。

十几年在钻井一线摸爬滚打,我深知四川盆地地质结构复杂,钻井工艺难度大,容易出现意外。当时条件有限,一口井起下钻一百多轮是家常便饭,我还经历过一口井更换钻头300来个,大部分施工时间耗在起下钻中。1967年从北京石油学院毕业至今,我没有离开过川西南矿区,经历过威远会战、古隆起会战等大大小小区块的洗礼,在不断摸索中研制或改进了大量工具和工艺,可以说是在不断磨砺中逐渐成熟并崭露头角,也因此让一众人服气。从那时起我就有了一个绰号:"贺大爷"。

1978年,因工作出色,我从井队一线调任机关,负责钻井事故处理。1980年,因在塔八井着火事故中提出可行性方案表现出色,于次年被提为矿长助理。也就是从那时候开始,直到1998年退休停止,川西南矿区在钻井、修井、打捞工具、泥浆液等方面,先后获得科技成果、专利技术达43项之多,其中绝大部分迄今仍然在用,甚至是常规必备。

川西南是老矿区,20世纪80年代末,矿区产能出现不可遏制地大幅下滑,储采比跌破警戒线。在人们还坚信石油天然气行业不会没饭吃的时候,作为矿长的我和班子已经开始居安思危。一方面加大对地震资料的解析力度,寻找新的接替区块,加大对老井挖潜增效的投入,借世界银行贷款项目力图破解有水气藏的开采难题,提高气田采收率。另一方面寻找市场,想方设法开拓第三方服务,发展与油气关联的延伸市场、衍生市场。在这一理念指导下,川西南矿区的排水采气技术积累大量经验,矿区实现连续十一年稳产10亿立方米天然气;确立以浅气层开发和低效油气开发为主的老矿区增产方向,集中技术力量解决小产量气井开采成本问题,弥补老区递减造成的产量下滑。可以骄傲地说,我们是第一个拓展外油田钻井服务业务的团队。我们自主设计生产钻井队配套野营房,井队生活生产用房实现可重复利用,不仅改善了井队职工生活条件,还较好地解决了当时待业青年、家属参加劳动等问题,活动野营房产品销售到其他矿区并被争相仿制。自主设计改进橇装式CNG装置,在边远场镇开钻储气井,在当时的情况下有效地解决了边远地区用气成本居高不下而影响销售的问题,拓展了销售终端市场,并形成相对稳定的销售渠道……

难过的是,2018年1月1日,我和无数人为之献出了青春、事业甚至家庭的川西南被撤销。听到这个消息,我数夜未眠,几次拿起电话想向老搭档说说憋屈,却终究在静默良久后放下电话,徒留一声叹息。

刘燕 整理

The Petroleum Veterans

曲俊耀 81岁 口述

Qu Junyao

威远气田"座山雕"

我年轻时一个偶然的机会师从中央歌舞团笛子大师冯子存先生。1955年从北京石油地质学校地质专业毕业，从京入蜀，笛子终身相伴，一曲《百鸟朝凤》在省级专业比赛中脱颖而出，自创作笛子独奏曲《喜相逢》《喷油了》在四川石油公司组织到大庆的慰问演出中大获好评，也因为笛音袅袅赢得伴侣芳心。

1964年，凭借已经在钻井地质上的小小名气，带着四川"空气钻井"和"顿钻在浅气层应用"成果，我被派往大庆参加石油工业部组织的《技术革新和技术革命成果展》。从大庆回来不久，在一系列政治运动的冲击下，1969年我被下放，成了威远气田第一代采气工。从此，半生心血倾注在有水气藏开采上。

1964年四川威远气田获探明储量超400亿立方米，成为中国第一个陆上整装大气田。由于前期无序开采，1970年气田递减趋势明显，水浸严重。我和同事们用了整整5年时间，于1975年完成了威远气田的开发设计研究，在威远气田排水采气和认识气田开发规律上积累了经验，总结并推广氯根预产气量之间的关联规律，以此控制气田出水，为气田核心的V2井十几年开采不出水立下功劳。

1983年7月，没想到我会在突然之间从采气队副队长直接任命为分管气田开发的副矿长，距我到威远气田整整14年。14年里，在有水气藏开采上的教训成了财富。担任队长期间在威远气田极力首推"气井分析报告制度"和"采气工作20条"，是相当长一段时间采气工艺的标准规范要求。也因为在威远气田一待就是14年，被局矿两级人送外号"座山雕"。

当上副矿长，人是离开了威远气田，却更亲近威远气田。1985—1992年，威远气田获得世界银行贷款项目，立项、招标、实施、评估，使我有机会深度接触当时最先进的气田开采理念。这个项目使川西南矿区乃至川局的测井技术领先国内同行，试井、酸化压裂技术的应用大幅度提升，高压增压机采气开始在有水气田投入使用，更为可贵的是拥有了成套的化验室设备，为老气田连续11年稳产10亿立方米天然气提供了理论支持和技术保障。不仅如此，还因在基层十几年的工作经验，20世纪90年代初期，在我的大力推进下，我们完成了行业内首部《采气标准化操作教学片》，成为集团各大油气田采油采气的标准化操作规范。时至今日，该教学片仍然是基层井站的基本配置。

进入20世纪90年代尤其是后期，川西南矿区加大威远气田老井挖潜工作力度，组织对威远气田进行二次大讨论，力图攻克有水气藏的后期开采难题。这项工作的执行者是矿区历年培育的中青年骨干，而背后就是一众像我一样的老人。二次大讨论的结果是，有限延长了威远气田的开采周期，最重要的是在这个研究的基础上，为后期发现寒武系气藏提供了理论支持，而寒武系气藏的发现正是在2000年以后，整个川西南陷入无区块可勘探、无井位可打最为困顿时期的一线曙光。这线曙光的背后，是十几个被疾病困扰的老伙计们，在威远气田二次大讨论结果的基础上，为川西南最后一搏开出的"救命方"。2004年V2井在奥陶系底寒武系顶经射孔酸化后获得白喷，测试日产气量达到29.6万立方米，无阻流量达70万立方米以上，而当时这一区域的管理单位正在向上递交报废威远气田的报告。这一层位的获气，不仅挽救了威远气田，更为现在的威远气田页岩气开发提供了重要依据。

记得2004年威远气田开发40年之际，我和第一代气田人重走威远气田，站在V2井站废墟上，大家说起我"座山雕"这个绰号时，我对伙计们也是对后生小辈们说过一句话："如果再给我一次选择的机会，我宁愿一直在威远气田。"

是的，这一辈子与有水气田的博弈，我真的不后悔。

刘燕 整理

The Petroleum Veterans

沙树荣 82岁 口述

Sha Shurong

巴山蜀水情

我叫沙树荣,地道北京人,1957年毕业于北京石油地质学校。离开北京几十年,一口不曾改变的京腔是我最大的辨识标志。

1958年4月,300多位与我年龄一般的同学扛起行李,乘坐火车、汽车,一路高歌,来到嘉陵江边,投入到当时热火朝天的川中石油会战中。

因为我是学地质的,顺理成章我被分到地调处。之后的三年时间,我这个原本还有些羸弱、腼腆甚至几分娇气的姑娘变得刚强。每天徒步穿梭在川东的深山老林,遇到过野兽,没有吃的,靠喝山泉、吃野果熬过了饥肠辘辘,住过猪圈、牛棚。因为掉队迷路,没人时也悄悄地哭过,但没有一天允许自己软弱过、放弃过。就是在这样的艰苦条件下,和同事们一起完成了川东地区的地质调研。

还没有来得及喘口气,1962年,一纸调令我又被调到隆昌气矿。此时,刚刚经历了三上三下的威远气田威基井,喜获工业性气流,整个四川地质工作重点转移到威远气田。为彻底探明威远气田情况,地质队员们半蹲在煤窑坑洞里绘制地质剖面图,在密林山崖寻找露头。那一年,我的同行们就靠着两袋烤馒头和一袋咸菜,硬生生拿下了"威虎山"的地质资料。我至今仍记得,那一年参加威远气田早期地质勘探的同事们,是在背风的石头凹里,喝着冷水、嚼着馒头、就着咸菜过的大年三十。就是在这样的情况下,威远气田具有定调作用的V2井选定井位,最终这口井无阻流量达百万立方米级,因此中国陆上第一个整装大气田露出了真容,一场轰轰烈烈的会战在四川西南拉开序幕。

1994年,离开地质专业转战气田开发后,我再次回到威远气田。凭借对威远气田地质资料的熟悉度,我主导威远气田构造的地宫模型设计制作。地宫制作的目的,是为威远气田排水采气工艺实施提供直观依据,也是争取世界银行贷款项目的辅助之一。

完成威远气田地宫建设后,又迅速参与到功勋气井自二井的采气工艺设计中。很长一段时间里,这口位于自流井气田的自二井一直稳居全国单井累计产气量榜首。自二井是一

1959年4月18日,自二井发生强烈井漏,储备的泥浆材料全部用完,矿区与自贡市全力以赴,将盐井上的牛集中到自二井周边,搅拌周边稻田获得泥浆压井成功

口非完全完井的非常规产气井,尽管围绕自二井有无数的传奇,但经过几十年开采,自二井逐渐步入衰老期。自二井受地层水浸、压力衰减等自然因素影响,气井开始出水,生产难度日益增加。从那个时候开始至退休的几年时间里,我与自二井结下了不解之缘。结合威远气田有水气田开采经验,自二井先后运用油管射孔、增压机、液氮解堵、螺杆钻具清垢、钻铤补孔、下连续油管等多种工艺进行排水采气,实现气井安全平稳供气生产。就在今年,已经度过60岁生日的自二井仍然保持着相对稳定的产量,成为行业内有水气井开采、泡排工艺应用、老井挖潜增效、气井精细管理等方面的优秀典范。

这一辈子,参加过川中会战和威远气田会战,参与管理自二井,回首往昔,我很知足!

刘燕 整理

功勋气井自二井抢险

The Petroleum Veterans

难忘那段艰苦奋斗的历史

史鉴生 87岁 口述

1954年,我从西北石油工业专科学校毕业,先分到西北石油勘探局,再分到四川油田。我从打捞技术员做起,先后担任2503队副技术员、32100队技术员。我打了不少井,包括各种近3000米的井,还创造了一些纪录。

1965年开始四川石油会战。那时中美、中苏关系比较紧张,国家可能有备战的考虑,提出来搞"三线"建设。以前朱元璋讲"高筑墙、广积粮、缓称王",当时的指导思想是"备战备荒为人民"。这次会战,四川石油管理局机关整体搬到威远山里面去了。我是局总调度室的值班工程师,很自然地从筹备会战开始就搬到了威远。

开始去的时候,红村什么都没有,是一个荒山包。我们只好先到距红村10多公里的越溪煤矿废旧的厂区办公。房屋破破烂烂,我们住在这里,白天办公、晚上学习,还要轮流到威远山上去劳动。威远那个地方,页岩很多,当地人称为片石。经过几个月的努力,依山建起了一层层的片石房,红村这座荒山就变成了会战指挥部。

红村会战总的指导思想和我们后来参加的新疆会战不一样。新疆会战是新的体制、新的技术,甲乙双方合同制。那时候领导都是部队上的老干部,他们对打仗有着非常丰富的经验。会战指导思想是"集中兵力打歼灭战""一切为了70亿,一切为了找油田"。会战领导小组是非常强的,全国各个油田能抽调的都抽调来了。

会战初期,各个部门都给各个矿区打电话,都想贯彻自己的思想意图,提出自己的要求。会战指挥部提出:不能政出多门,要一个漏斗往下灌。总调度室就是总漏斗,下设钻组、综合组、生产准备组,还要调动车辆、设备。我是值班室组长,下面有七八个人,通过值班室往下传。当时100多个钻井队每天要汇报,总调度室24小时值班,汇总成总调度表分析一下,任务写明白,指挥还比较灵光。比过去局里面各个办公室往下灌有新的变化和进步。

四川地层太复杂了,其他油气田来的钻井队不适应。我除了忙调度室的工作外,还去指导打井。机关干部要为生产一线服务,指挥部让郑浩当组长、我当副组长,我们到从大庆来的32139钻井队蹲点指导。在井队上住的草房非常简陋,有一天早上我起床后,整理床铺竟然发现枕头下有一条蛇,当时对这种情况已经见惯不惊了。有一次,我在指挥部

1959年5月8日,川南石油矿务局业余文工团全体同志合影

汇报完工作回井队,当时指挥部车子很少,32139钻井队离指挥部又很远,很难搭到顺风车。那天招手搭车7次,加上走路,才回到井队。搭乘的大多是拉煤的卡车,遇到的司机都很善良,没一个收车费,十分纯朴。

红村会战和在成都工作的生活工作条件相差很大。在会战指挥部,不管是单身还是夫妻,都住在单身宿舍里(其实办公的片石房就是宿舍)。那时人们一心想的就是工作,家庭和子女在成都也顾不上。直到一年后在岩心房隔了几间小房,才算有了家属房。每家四五个人也只住在10平方米左右的小房里,没有人提出过高的要求。

会战领导小组为了进一步激发大家参加会战的热情,特意组织大家去参观当地的煤矿。我参观过两次都是当地的小型煤矿,条件十分简陋。我们钻进小煤窑之后,开始是低头走,接着蹲着走,再后来只能跪着走、爬着走。有的地方爬着都难通过,头大的人只能把头侧着,才能勉强爬过去。所有通道上面滴着水,下面全是煤渣,爬过之后膝盖都磨肿了,有的人甚至磨出了血。我们看到煤矿工人的工作条件是难以置信的,他们吃的苦比我们多多了。所以参观过煤矿的同志都受到了一次极为深刻的教育,进一步提高了参加会战的热情和吃苦大干的决心。

红村会战,不但锻炼了队伍,改进了作风,还大大推动了四川油气田开发的步伐,成绩是巨大的。我们永远不会忘记这段艰苦奋斗的历史和这个值得纪念的地方。

冯雪梅 整理

The Petroleum Veterans

孙长江 85岁 口述
那段艰苦却不服输的岁月

Sun Changjiang

Part 04 — 四川油田篇

我出生于1934年9月，1958年到玉门油矿蓬莱大队当安装工人。四川南充市的充三井打喷以后，当时四川石油管理局的党委副书记就到玉门来了，要求玉门支援四川，要调人过去。我们安装队调了40个人，这40个人到了南充以后分为两个队，一个叫营山大队，一个叫蓬莱大队，我就是被"点将"调过来的其中一员。

当时我们安装队和钻井队，住的全部都是农民的房子，什么猪圈边、厕所边，住的全都是人。一下子来了那么多人，十几个钻井队，哪来那么多房子？连席棚都没有，全部只能就近住在农民的房子里，都是住在边边角角的。就在那样的情况下，我们蓬莱大队的钻井速度，比整个川中矿务局都快。靠的就是一股劲儿，拼的就是一种不服输的精神。那个时候心思单纯，能填饱肚子有力气就行，就是一门心思把活儿干好。

在这个过程中，我和工人们克服了许多的困难。41米的井架，要7天时间才能安完，因为搅车必须要工人手动操作。当时井打得快，根本搞不赢。我就想了个办法，我们把搅车停了，用人工拉速度更快，但异常艰苦。结果感动了我们蓬莱大队的领导，给我派了25个机关的干部帮我一起拉，这样我一天的时间就把井架主体部分立起来了。我们工人的手因为拉钢丝绳，即使戴了手套，还是全都磨起了血泡，依然没人有二话。

从1959年下半年开始，生活就特别困难了。当时我们有一口井打喷了，由于技术限制，关井需手动，要十几分钟才能关得到，所以原油喷得到处都是。我们安装队就接到命令去挖池子堵原油。当时队上工人对我说："队长，我们饿啊，饿得不行了，你叫我们走我们怎么走啊！"我想了想对他们说："走，伙食团还有黄瓜，一人拿两根，跟我去干活！"于是，工人们就一人拿了两根黄瓜跟我一起去干了8个小时。干完了还不准走，又有其他任务。书记对我说："你们先别忙了，给你们准备了馒头，一人一个，吃完了我们继续。"半斤一个的那种大馒头，工人拿着高兴坏了，就跟我说："队长啊，只要有吃的，你让我跟你干十天半个月都没问题。"简单质朴的话语，让我至今想起来都为之动容。

最让人难忘的还有另一件事。时间到了1965年，在吉祥区块开始了新一轮的会战。一共上了5个钻井队，我去的那

个钻井队原本的队长指导员犯了错误，井也打不出来，心也取不上来。我们蓬莱大队的党委书记马文明就把我叫去，跟我说让我去顶替。可我一直是搞安装搞采油的，没搞过钻井啊！他只对我说了一句话："没搞过就学！"于是我就坐着他亲自开的车到了钻井队。接下来的十几天几乎没睡过觉，白天晚上地跟着工人学。当时我们经常和大庆那边来广安搞会战的钻井队搞挑战赛，互相下战书，比谁的钻井速度快。大庆的1205队就对我的1809队发起挑战，我欣然接受。当时还把我的泵调了一台给他们，我们两个泵变成一个泵，他们一个泵变成两个泵。我给工人同志们做动员，说我们一个泵也要干过他们！不吃不喝也要干，不信我们干不过大庆！结果我们赢了。我们队在蓬54井，用了2天9小时28分钟打了1000米，这个纪录在我离休之前，没有哪个钻井队打破。而他们5天才打了1000米。从那以后，四川的技术渐渐被石油工业部认可了。也不是说大庆的同志们怎么样，只不过他们对川中的地层不熟悉罢了。在那个热火朝天的年代，人们那一股子较真的劲儿特别浓，纯粹又热血。技术就是这么比才会比上去。

这种精神一直在激励着我，做任何事情不做则已，做就要做到最好。那段艰难前进却决不服输的岁月，那些滚烫的赤子情怀，一直珍藏在我内心，让我受益终生。

杨力 张丹 整理

The Petroleum Veterans

王宓君 / 寻找"缝缝洞洞"

Wang Mijun

王宓君 88岁 口述

四川油田篇

1951年我从南京地质采矿专科学校毕业后，分配到燃料工业部石油管理总局勘探处。后来到玉门油矿做石油调查，进行地面油气勘探。1953年调到四川。1958年川中会战和1965年四川石油会战，我都参加了。

第一场会战在川中。1958年春天，在4万平方公里的川中有3口井连续喷油，人人都希望是大油田。国家组织从大庆、新疆、玉门等油田来的一百多台钻机，到处打井，一时间车水马龙。然而主观愿望不符合客观实际，油田面积很大，产量却很低。实事求是对我们的工作相当重要，搞清楚油田、油层必须深入实际。通过实践，领导认识到了这一点。

那时川中会战的第二阶段有些骑虎难下，大家心里都不好受。一天，康世恩派人把我叫到川中会战指挥部他的办公室，给我下达了去找华蓥西地质标本的任务。当时，他见南充、龙女、蓬莱这些构造上都打不出工业油流，还是不死心，想找大油田，他正考虑要不要将会战队伍拉到华蓥山地区继续再战。

他对我说："你带上石匠、放炮工去把华蓥山那边的疏松砂岩弄回来，有急用！"接到任务后，我带上5个人，从合川往渠县走，半个多月时间全靠两条腿"当家"。我们一个剖面一个剖面地找，遇到表面风化、中间是新鲜石头的地方就放炮，从炸开的石头中寻找砂岩，结果一块砂岩都没见到。打下来的石头非常致密，颜色呈茶叶绿。

我们用榔头和大锤打了5层剖面的石头，用报纸包着，注明层位，给每块石头都做了详细的描述。天气很热，我们背了5背篓的岩石样品到川中会战指挥部向康世恩汇报。康世恩将我们弄回去的石头用放大镜反复地照着看，看完后一直没有说话。这些岩石标本，剖面结构非常致密，根本没有我们期望的"缝缝洞洞"。这样，川中会战的队伍要上华蓥西就不可能了。

1958年会战虽然没成功，但是找到了问题。在后来的勘探过程中，我们发现四川油的资源虽然不丰富，天然气的资源却很丰富，石油工业部确定了"油气并举，以气为主"的方针。

1965年四川石油会战时，我担任地质指挥所副所长。按会战指挥部要求，我们确定从四川省峨边县范店乡正在修建铁路的隧道入手，对震旦系气藏分布规律进行调查研究。1965年10月的一个夜晚，会战领导小组石油工业部副部长张文彬电话指令，要求我必须于天亮前到达工作现场，会同调研队，尽快摸清气藏分布规律。

当时，隧道正在施工，粉尘很多，工作条件艰苦。但地质剖面条件好，气藏岩性、裂缝、溶洞分布全面清晰地暴露出来。我们认真丈量岩层内每一条裂缝的方位、长度、宽度，计算每平方米面积内缝洞的密度，查明缝缝洞洞的分布发育规律。并按1∶1的比例，绘制气层缝洞、断层分布图。通过实际资料分析研究，我们认识到气层是块状白云岩、裂缝—孔隙性非均质性储层。缝洞大，储量大、产量大；缝洞小，储量小、产量小；没有缝洞，就没有产量。得出结论，岩性是基础是内因，构造应力是外因，外因通过内因起作用，威远气田属于巨型穹隆背斜构造。在构造顶部储层受力较强，缝洞发育，高产气井多分布在构造顶部。翼部和边部由于岩性变化，受力较小，气井产量有明显差异。随后部署了10口探井，获气井10口，最终探明威远震旦系天然气储量400亿立方米，是中华人民共和国成立以来的第一个大气田。

任何问题都要实事求是，要去探索、分析、研究，不能靠主观判断。以后的工作，从勘探开发方面来讲，必须取得实际资料，经过分析研究才能得到科学结论。作为一个技术人员，不能夸大、猜想、凭主观臆断，否则会害人，也会给国家造成损失。

我从基层做起，后来担任四川石油管理局常务副局长、党委常委。从地质员，到工程师，到教授级高工，享受国务院津贴。我也是石油工业部、石油工业有突出贡献的专家。干了48年石油勘探工作，退休时打了两次报告都未得到批准，第三次才被批准。这一辈子，我为祖国献石油。

冯雪梅 整理

见到毛主席，是我一生的幸福

阚春霞 89岁 口述

中华人民共和国成立前，我是佃农家的女儿。这一辈子最难忘的就是1958年在隆昌气矿炭黑厂工作时，见到了毛主席。

要说炭黑厂，先得说圣灯山。建厂之前，山上时不时有天然气喷出燃烧，像圣灯一样，当地老百姓就把这座山叫作圣灯山。每年春天，漫山遍野的花儿开了，特别好看。1950年春天，国家决定开发圣灯山气田。1958年春天，毛主席来这里视察。圣灯山的春天，是我记忆中最美的春天。

隆昌气矿炭黑厂是我们国家第一个利用天然气生产炭黑的工厂。第一代炭黑人攻克了许多技术难关，在非常艰苦的工作条件下，成功试制出第一批国产天然气槽法炭黑，摆脱了依赖进口炭黑的被动局面，实现了橡胶原料生产的自给自足，满足了飞机轮胎和重型卡车生产领域的需求。它的辉煌，曾在全国石油系统赫赫有名，知名度一度盖过我们熟知的大庆油田。

1958年3月27日，毛主席视察隆昌气矿。那天傍晚，林国浓、王大芬和我共三个人去矿部门口时，看见一辆浅灰色轿车，后面是厂里拉炭黑的解放牌大卡车，上面有穿藏青色制服的人，车队开往专家招待所。

以前我们就听说，中央首长身边的人都穿四个包包的制服。我们三个人就跟着车子往上面跑，想去看谁来了。正好碰到广播员，她从姚家山下来。我们就问她谁来了，她说毛主席。我们三个没有走正路，从大堰塘那个坡抄小路跑了上去。

我们站在专家招待所门外会议室的栏杆边上往里望。负责安全保卫的同志问我们："你们干啥？哪里的？"我就回答："我和王大芬是工会的，林国浓是党办的。"他就让我们进去了。

一进门，看见毛主席对着门坐着。我们非常激动，大声喊："毛主席好！毛主席好！"毛主席和四川省委书记李井泉就喊我们过去。毛主席站起来，同我们一一握手。我们握着主席的手说："毛主席好。"毛主席说："你们好。"毛主席高高大大，穿着米黄色大衣，还和我们合了影。

当时下午6点已过，天色有些暗了。随行人员说："下雨了。"我们听了很着急，马上去医院找伞和手电筒。结果刚找下来，他们车子就开走了。

毛主席去视察了用天然气做原料和燃料的炭黑车间。在露天的21号火房，他不顾风雨，仔细观察工艺。毛主席说："自流井是利用天然气熬盐，没有收回炭黑，而这里是收了炭黑跑掉了热能。"他要求进一步搞好天然气的综合利用。车间从此改名为"327车间"，后来成了社会主义教育基地。毛主席离开矿区时，公路旁两边的山坡上和两道桥的街头上，人们从四面八方涌来，不断高呼"毛主席万岁"，夹道欢送。

见到毛主席太不容易。听说全国几十个石油部门，毛主席连大庆、胜利、大港都没有去，唯一来了一次隆昌气矿。我们非常幸运，见到了毛主席。我一个出身佃农家庭的人能够参加工作，是毛主席解放了我们。

那天很激动，晚饭都没有吃，一夜都没有睡。在以后的日子，我一直在川南矿务局，搞工会组织、职工保险和劳动竞赛。红村会战时，我和我爱人去参加，各住各的办公室。那时办公室既是宿舍又是办公室。1967年，我调到家属办公室，组织"五七职工"家属下井队去洗衣服、干缝补、当炊事员。我到四川石油管理局女工部时，管女工、幼儿园、食堂、职工保险、劳动安全和劳动保护。我们的幼儿园、疗养所都办得有声有色。

见到毛主席，是我一生的幸福。

冯雪梅 整理

The Petroleum Veterans

姚光雄 / 我终生难忘的三件事

Yao Guangxiong

83岁 口述

Part 04 —— 四川油田篇

我这一辈子，有三件事情是永远不能忘的，那就是：不忘记党、不忘记群众、不忘记领导。这三件事对我意义重大，可以说没有他们，就没有我这个人。习近平总书记在党的十九大会上提出"不忘初心、牢记使命"，我的初心与使命就包含在这三件事里面了。

小时候家里一穷二白，没什么指望，只能帮父母干活养家。我清楚地记得，那是1950年的一天，我已经十几岁了，赶完场回到家，父亲对我说："你去读书。"我当然想读书，父亲这么说，我非常高兴。可是没有钱啊，怎么办？当年的四川中县第三中学，上半年还是私立学校，一学期要7块钱的学费，我交不起。下半年改制成公立学校了，只要1块钱的学费，我还是交不起。多亏了当时的班主任接济，我才能踏入学堂。就这样，我靠着助学金念完了三年初中。这是我第一次感受到党组织的温暖，如果我没有读书，就没有后来进入石油单位的机会，也就没有后来这一生的际遇与精彩。这可以说是改变了我的命运。

20世纪60年代打女深1井的时候，那年毛主席在接见外国朋友的时候说："中国一定要打出超深井！"于是这成了一个重大的政治任务。我们当时的7002队到四川武胜的龙女寺，准备打这一口超深井，要求要打到7000米。从开始修井场到1971年10月开钻，再到1976年1月完钻，前前后后经历了好几年的时间。在这期间，我先后担任了钻井队的副指导员和指导员。那个时候各方面的影响和制约因素很多，而且材料缺乏、技术落后、生活困难。为了这口井，我们全体干部工人可以说是克服了千难万险。要钻7000米，表层就有1700米，而我们只有三个11.6英寸的钻头，一个钻头只能钻几十米，这怎么干？但是书记说了，你哪怕只有一个钻头也要钻！领导发话了，就只有硬着头皮上。于是我们想办法把11.6英寸的钻头切割下来安装到17.6英寸的钻头上去，就这样开始了作业。这里就要特别感谢当时四川石油管理局领导的大力支持，现场一出现什么问题，马上就派技术干部来解决，大家同心协力上下一心，就是想把这口井打好。我当时压力很大，幸好有领导作为支撑的后盾，有全体员工不怕苦不怕累的热血奋战，再加上武胜地方政府在生活上对我们的帮助（给我们送吃的喝的），所有人团结一致，最终才有了一个好的结果。当时我们打到6011米，因为地层提前，打到了震旦系，出现花岗岩，所以就提前完钻了。这口井作为基准井，为我们取全取准资料，对后续的勘探开发与研究建设，有

1976年10月，川钻7002队职工参加石油工业部在川中矿区召开的中国第一口超深井——女基井完钻庆祝大会

非常大的指导意义。我回过头来总结，就是一句话：一个人哪怕再能干，没有人民群众的支持，没有组织的关怀和信任，一切都是妄想。

打完女深1井，我就回到了川中，去到了机械厂工作。当时的机械厂情况也非常复杂，不好搞。但我始终坚信只要团结，就没有什么干不成的事。到厂里第一天我就告诉工人们，说希望各位朋友、前辈多多指教，我们就是一个大家庭，齐心协力没有不能战胜的困难。工人们一下子就觉得非常亲切。当时我们坚持和工人打成一片，一起劳动、一起加夜班，生活上人人平等，工作上尊重上级、爱护下级。注重思想的交换，细致、将心比心地做好群众的思想工作。这个厂以前没有得过任何先进，结果我去了之后的几年，连续被评为局里的先进单位，还在1984年被评为了四川省精神文明单位。

1979年4月15日，姚光雄参加川中矿区机械厂集体学习马列主义思想培训

我的体会就是，不管是在岗还是退休，都不能忘记党的领导，要跟着大局走，要随时保持头脑的清醒，保持一颗纯粹的心；不要有过多杂念和受他人及外物的影响，那样才能获得一生的坦然与安宁，才会获得真正的快乐。

杨力 张丹 整理

用奋斗描绘峥嵘岁月

赵怀英 86岁 口述

1981年，赵怀英在北戴河疗养

26岁时的赵怀英

我1952年从石油师转业到玉门，从实习钻工开始干。比较有意思的是，当时我和"铁人"王进喜在一个班，我是实习钻工，他是司钻，一定程度上可以说他是我的老师。因为我没读过书，没有文化，所以特别认真刻苦，觉得要比别人多努力很多倍才赶得上。王进喜当时和我们一起生活工作，帮助我们学习，确实是个非常好的人。在玉门干了几年之后，就响应上级号令，去四川支援会战。

那是1958年的冬天，我刚25岁，正是风华正茂的年纪。根据中央和石油工业部"向川中进军"的部署，我和钻井队的兄弟们一起奔赴四川，参加川中石油会战。我们从玉门坐火车走，坐了半个多月，设备什么的都在火车上。一群年轻人，怀揣着激情和梦想登上那趟列车，每个人心里都期待着即将到来的新征程。后来回想，那个时候在前方等着我们的，也许不是灿烂锦绣的坦途，但确实是足以让人一辈子骄傲与铭记的岁月。

我们到了川中之后，很快就投入到了工作中。心里想的都是四川得有个大气田啊！多了不得！大家都是充满干劲的。我当时是3290队的队长，带领同志们在磨溪打井。在处理一次钻井事故的时候，一只手被打了，只能截肢。去上海治疗期间，我还专门去找了家相馆给弄了一张彩绘画像。这件事虽然是一个大的打击，但并没有让我颓废不振，反而愈加激发了我的斗志。我心里想的是：我哪怕只有一只手也要干好！既然来了四川就不能白来，不做出点什么不算数！

当年井打得多，出油的也不少，但是受制于技术条件，产量却很少。印象最深刻的是我们在打磨1井的时候，很快打喷了，那个场面啊，原油就那么往外冒，冒得到处都是。因为当时关井必须手动，一时间根本控制不住。就这样油喷了三天三夜，全靠工人们去挖池子堵，甚至是用自己的身躯去抵挡，只是为了把危险和损失降到最低。其实那个时候这样的事并不是个例，有的时候甚至需要以牺牲生命为代价去保护国家财产和人民群众的安全。虽然这似乎跟现在所提倡的以人为本理念相悖，但在那个特殊的年代，那是一种崇高而纯粹的精神。磨1井打喷了之后，我们的很多技术干部遭到了质疑，顶着很大的压力。原本以为没有油的地质结构出了油，这促使了川中石油会战的进一步开展，也对我们以后重新全面、深刻、科学地认识磨溪气田，认识川中裂缝性油田的特点积累了宝贵的经验。时至21世纪，2012年龙王庙整装气藏的发现，2016年川中油气矿年产量突破100亿立方米，2019年川中油气当量迈上千万吨台阶……这些川中人圆梦的时刻，都是由一代代石油人始终如一的不懈奋斗、艰苦卓绝的探索追求、永不放弃的攻坚克难所凝结而成的。

那时不光是技术落后、条件限制，生活上的困难也超乎想象。我们在玉门的时候就很艰苦，想着四川天府之国会好一点，但来了之后才知道不是想象中的那样。一个月粮食定量，几乎天天都吃红萝卜和红薯，司机劳动量大不够吃，每天早上跑到我们井队上吃完稀饭再开车走。在这样的条件下，大家干劲依然很足，没有一个人有怨言。一心想的是要在四川干出一番事业来，不辜负组织的信任，也不辜负自己。忆起那些峥嵘岁月，与今天蓬勃发展的壮阔画面相比较，尤为让人热泪盈眶。

杨力 张丹 整理

1978年，赵怀英获"学铁人标兵"奖状

青春岁月如歌

郝克然 87岁 口述

1949年4月24日，我放弃了安徽大学皖南分院职员的工作，与4个同学投笔从戎，辗转浙江、安徽，最后进入重庆警备师公安总队，1956年随队整建制转业，参加高木顶石油勘探会战。

因为读过书又担任过学校职员，我被留在总工程师室，协助完成俄文版《钻柱读本》的译校工作。前线那会儿很火热让我心驰神往，各井队之间暗自较劲，比搬安速度、比钻进速度、比谁能最先钻获气流……那股子劲头让人血脉偾张，让我无限羡慕。

那时所有的一切都是为了前线，从食品供给到装备，最好的总是先保证一线。会战时的1960年，后勤机关每月仅有21斤粮食供给，即使是在这样的情况下，后勤机关仍然坚持每人每月节约2斤粮支持一线。那时隆昌到南充需要一天时间，经常开会到半夜又连夜返回，最混乱的时候，与书记出差住在澡堂子，又担心公章安全，只能把公章用绳子扎紧吊在身上，两个人轮流睡觉轮流守着，饥饿与身体困乏交替折磨，但大家却毫无怨言。

为解决职工家属的生活困难，机关人员带头开荒种蔬菜粮食，有点土地就绝不放过，养鸡养鸭，下到沱江里捕鱼捞虾，用这样的办法解决前线的供给困难，熬过了最艰难的1960年。

那时的后勤机关从来都不是享福的。1964年，威远气田会战开始，机关人员简单打包生活必需品，二话不说就来到威远曹家坝，在一片荒山中开山垒石，仅仅用了10天时间就建起指挥部。天南地北的会战人员齐聚，要解决协调好参加会战队伍的设备转运、生活后勤服务保障等，都需要机关后勤人员在最短的时间内拿出解决方案，在气田获气而欢呼雀跃的时候，后勤服务保障人员又总是隐身其后。

年龄越来越大，总想着过去。会战时的艰辛很难在今天用语言复述。当年所有因为这段时光荣耀加身、默默奉献付出过的人，一定会在记忆中为这段岁月留下一片空间，一定会感谢这激情四射的生活丰富了耄耋之年的回忆。

刘燕 整理

嘉陵江边

周沛 85岁 口述

1958年毛主席视察隆昌气矿炭黑车间，对提振整个队伍起到了积极作用，在四川找油找气充满了信心；而当时的炭黑车间也被命名为"327"车间，主席蹲下查看的火房被命名为"最光荣的火房"；来自各地的人们络绎不绝在"最光荣的火房"前拍照留念

1959年秋，周沛当时所在的隆昌气矿机关组织大家参观学习，所在政治部全体成员拍下此照片

1958年3月27日，毛泽东主席冒雨视察了位于隆昌县境内两道桥圣灯山的炭黑车间；同年5月，川中石油会战在嘉陵江畔拉开帷幕。就在会战前期，重庆炮兵西南第二学校全体师生集体转业参与会战。作为教员，我没能与战友们一起"嘉陵江边迎朝阳""头戴铝盔走天涯"，而是携带简单行李，一路颠簸到了隆昌两道桥。

自1949年从1野10师29团转业到广州体育学院，我心之所想就是到新中国建设最艰苦最需要的地方去，所以我心甘情愿放弃广州来到重庆，又欣然接受组织安排我到了偏僻的两道桥。即使如此，在心里我始终觉得，机关怎么能与第一线相比？就因为这样，我一直坚持要到基层，到一线去。1958年12月，我如愿从机关调到炭黑厂任车间第一任指导员。任指导员的第二年，为纪念毛主席视察隆昌气矿炭黑厂，车间正式命名为"327"车间，21号火房被命名为"最光荣的火房"。

那时候是真的意气风发斗志昂扬。为实现"炭黑生产赶英超美，打造名牌"的目标，为响应毛主席视察期间提出的"综合利用能源"指示，我们炭黑车间对生产工艺进行改进，对设备进行革新，对生产炉进行优化。那时候条件艰苦，但是大家心里充满热情。为节约时间，连饭都是家属送到工地上。燃烧后的炭黑炉内高温炙烤，为赶时间多生产炭黑，人人争先恐后抢着进入炉膛内，在高温下仔细清扫收集炭黑。人们下班的时候只能看到一双眼睛，浑身上下全是黑漆漆的，学会洗澡成了每一个新进厂者必须会的第一个技能。1958—1959年，炭黑生产实现了双丰收，产品质量大幅度提升，不仅完全替代了进口产品，打破了国外的封锁，还实现了出口；炭黑车间也被评为全国先进单位，还到北京参加了群英会。

1960年，在三年苦难时期最艰难的时候，我却离开炭黑厂又回到机关。在当时，这是奉献，因为一线的粮食副食品供应都比机关多，回到机关意味着紧日子更紧。然而无论是担任团委书记还是在矿办、党办、政治部，我始终坚持奋战在一线。1964年隆昌气矿机关由隆昌搬迁至自贡釜溪河边毛家坝，我作为先锋队的一员，离开隆昌来到毛家坝，一切从零开始，填平釜溪河沿河的滩涂菜地，搭建起生产生活用的茅草棚，并在完全没有经验的基础上筹建天然气化肥生产车间，从此再也没有离开过毛家坝。

我爱看的电影是《嘉陵江边》。退休后，80多岁时我赶时髦学会了用电脑，学会了上网。有时间我会一边整理退休几十年里收集的各类门票券，一边反复观看这部电影。

至于为什么喜欢这部电影，也许这部电影契合了岁月里太多的故事，比如开采天然气及天然气的综合利用，又比如那时候的简单，那时候的执着和梦想……

刘 燕 整理

老會戰

Part 05 —— 大庆油田篇

1959—1962

1959年9月,松基3井喷出工业油流,石油工业部党组召开扩大会议,决定加快松辽地区勘探和油田开发,石油会战由此开始。石油系统37个厂矿、院校组织了人员并自带设备,国务院一些部门人员、退伍的解放军战士和转业军官,以及以"铁人"王进喜为代表的老一辈石油人组成的石油大军进入东北松嫩平原,展开了石油会战。三年半的时间就探明了面积达860多平方千米的特大油田,建成年产原油500万吨的生产能力,累计生产原油1166.2万吨。

年年当「五好」工人

陈加义 84岁 口述

Chen Jiayi

我生于1935年,江苏南京人。

1960年3月,从辽宁部队转业来大庆参加石油会战,在部队立过三等功。到大庆采油一厂四矿工作,又分到运销处东库工作,一直干到退休。

住地窨子,先修路,从大庆团结路一直修到杏树岗。随后,我们脱坯,打羊草盖房子、盖干打垒。

那时修路没有节假日、休息日,从早上3点干到晚上8点,抬大土筐,一人挑两个。到了1961年8月,我去装油罐车,没有栈桥,爬上去再爬下来,还要管线沟,啥活都干。

吃不饱、睡不好,洗脸水都不倒,要留着晚上洗脚。吃的是邦邦硬的窝头,一棵白菜熬一锅汤。那时没有车也没有路,就是土路荒地,靠两脚走,干完活儿,从一矿到四矿走回来,一走就是几个小时。

还有在火车站卸过井架,好多人一起人拉肩扛,去喇嘛甸油田打羊草盖房子,啥活儿都干过。年年当"五好"工人,还当过红旗手。干了一辈子工作,晚年只想好好休息。

张云普 整理

老会战

大庆油田篇

从抗战老兵到油田生活管家

崔敬海 95岁 口述

1955年,解放军军官授衔仪式领章后留念

我1924年出生,山东平邑县郑成镇人,1945年1月参加革命,历任班长、排长、连长,当过铁道游击队队长王强的通讯员。4月,我参加了枣庄战斗,有1000多个鬼子,城墙外用铁丝网、壕沟围着,我们组织大炮轰炸敌人炮楼,把城墙炸开缺口,掩护战友冲上去。5月1日,在攻打滕州车站战斗中,有10000多个鬼子,我们配合主力部队发起多次冲锋,战斗十分激烈,最后俘虏鬼子150多人,解放了滕州车站。

解放战争中,我在华东野战军22军65师194团,参加了淮海战役、解放海南岛的战役等,荣立三等功。重伤不哭,轻伤不下火线。1948年在解放洛阳战斗中,我后脑部被炮弹擦伤,肩部受了轻伤,当时昏了过去。

1958年11月,我转业到东北农场。1959年9月发现了大庆油田。缺人,全国出人;缺钱,全国支援。我来到了大庆,到葡萄花钻井队当队长,打葡3井。没有房住,就和老百姓住在一个炕上。打井艰苦,我几天几夜不回家。三天搬两天安,三天日上千。我还向1205钻井队王进喜"挑战",比谁干得快。

后来我在油田供应处工作,负责保障全油田生产的油料。再后来,我调到后勤管生活,当猪场场长,养了上千头猪,建温室大棚种花种菜,丰富了员工餐桌,保障了员工营养。1977年,工业学大庆会议在大庆油田召开,我们一家受到了中央领导的慰问。

我育有5个子女,有的去了胜利油田、华北油田、江汉油田。1984年我退休后,继续当校外辅导员,为油田下一代讲述革命战争故事和石油会战传统,继续发光发热。

张云普 谢佳悦 整理

老會戰

05 — 大庆油田篇

年轻搞科研 晚年玩乐器

高知音 80岁 口述

1958年9月刚参加工作时，在长春松辽石油勘探局长江路照相馆拍的第一张工作照和1975年在大庆石油管理局勘探开发研究院中心化验室任技术员时拍的宣传资料照

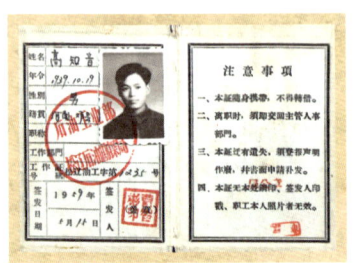

1959年5月，在银川石油勘探局吴忠实验室学习后，刚回到长春松辽石油勘探局地质实验室时发的工作证

我1939年出生，河南邓州人。1958年松辽石油勘探局设在长春，我在松辽石油勘探局地质实验室工作。其实，那时我就已经开始为大庆油田的勘探开发进行前期科研工作了。1959年11月底我来到大庆，前期做些设备维护工作。我们在玉米地里机械吊装，晚上还要看着设备，荒草甸上有狼叫，还发了枪。那时我19岁，也不害怕，遇到过狼，打一枪，把狼吓跑了。

1960年大庆石油会战打响，我转战大庆油田，到勘探开发研究院科技研发中心工作，1964年成立研究站。我对石油系统非常感激，一家人都在石油系统工作，现在这么好，感谢油田，油田非常重视科研人员。

1971年，我去采集气井样本。在黑龙江方正县用砖垒的井很深，冒着气，老百姓都认为是天然气。组织上派我去取样，20多米深的井，取样困难，人下不去，很危险，怕缺氧又怕着火。先是找柴火点着了，怕是有毒气体，对身体不好。然后让人下去试气，不下去不行。我脱下的确良衣服，换上农民的衣服。我们一起去的5个人，被称为"五大金刚"，轮流下去，在井里要每两三秒钟答应一次。我们收集到了气，最后证明不是天然气，是甲烷，没有成功。

退休后，我迷上了音乐，自己用竹子做笛子、二胡。石油会战时期，想买个口琴，1.5元，买不起。现在手风琴、萨克斯、长笛、电子琴，全有了，真是幸福啊。

因为我的名字里有个"音"字，同事就让我搞音乐，没想到我竟与音乐结下了不解之缘。石油会战万人大会上，我和同事们一起用乐器演奏，当年的铮铮誓言仿佛犹在耳边。

20世纪60年代，我萌发了一个想法，想给油田技术人员写首歌。白天构思，晚上修改，最后诞生了《油田地质化验人员之歌》。后来，我还为大庆油田研究院写过一首歌——《勇闯一流研究院》。

我脑子里能记住200多首曲子，演奏的时候不用乐谱，说到哪首歌，随手就能拉出来。这些年，每逢重要节日，我都会演奏一些革命歌曲；这些歌曲到啥时候都不会过时，拉起来、听起来就浑身是劲儿。

张云普 谢佳悦 整理

宣传大庆精神铁人精神 让全世界的人认识大庆油田了解铁人

少兴德 73岁 口述

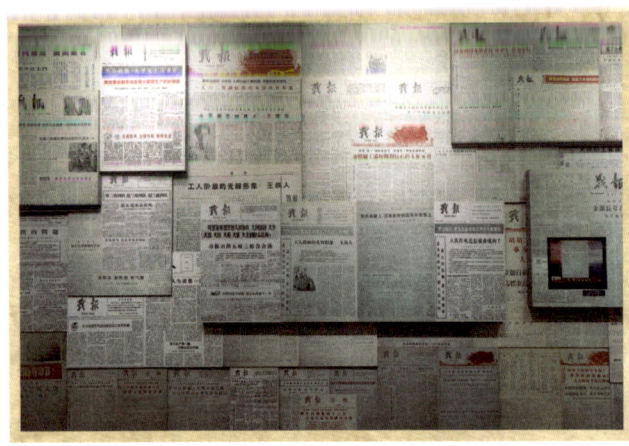

我是1946年出生,吉林长春人。1964年5月,我17岁,正在上初中,作为第一批招收的"青工"来到大庆油田,参加大庆油田会战。

在大庆采油一厂教导队培训后,第一项工作任务就是和师傅一起负责刚投产不久的萨66井的量油、清蜡和数据录取工作,每天步行去矿里送两次报告。大庆南2-7五排34井是我自己独立管理的第一口油井,至今记忆犹新。

1965年3月,大庆油田成立井下大队,我成了一名作业工,随后又做过炊事员、后勤管理员等工作。会战"战场"虽变了,但会战热情不减,我是领导群众心目中的"万能砖",哪里需要哪里搬。因为工作成绩优秀,我有幸被评为大庆石油管理局劳动模范。

1969年,我"以工代干",从宣传员做起,开始了我的政工生涯。作为一名合格的老党员,从基层队书记到大队书记,30多年的政工工作经历让我拥有了坚定的共产主义信仰。

退休后,我依旧发挥着一名老政工人的余热。由于喜欢骑行,我每年都会带着车友们回到我年轻时"服务"过的第一口井,也是大庆油田"三点定乾坤"的首钻探井——大庆萨66井,除一除杂草,打扫打扫井场。

自2001年开始,我凭借一辆自行车、一顶野营小帐篷和一腔雄心壮志,走进军营、学校、工厂,义务宣讲大庆精神铁人精神,这些年行程20余万公里。

最难忘的是2006年5月,我从大庆出发,途经22个省、4个自治区、4个直辖市和2个特区,行程1.8万公里,开展了"万里走单骑迎奥运"活动。2008年8月12日上午,我出现在了北京西城区六铺炕街的一个丁字路口。后来,我再次来到北京,奥运会、残奥会期间,我作为老年志愿者执行巡逻任务,站岗51天。在北京,我向来自不同地方的人们讲铁人精神、大庆油田"三老四严""四个一样"光荣传统,还走进大学宣传,鼓励青年人放飞希望,实现理想,到祖国最需要的地方去。

奥运结束后,我收到了一份来自"铁人"王进喜纪念馆的邀请函。原来,当时"铁人"王进喜纪念馆的刘书记听说了我的事迹,感动而钦佩之余,邀请我到"铁人"王进喜纪念馆做一名特邀讲解员。

从那以后,每个星期五上午,我都会来到"铁人"王进喜纪念馆,在宣传铁人精神的同时,也为"铁人"王进喜纪念馆培养了一批优秀的志愿者。2019年,铁人纪念馆为我颁发了"荣誉员工"证书。

"幸福就是追求人生的目标,宣传好大庆精神铁人精神,让全世界的人认识大庆油田了解铁人"。这是我的目标。

张云普 谢佳悦 整理

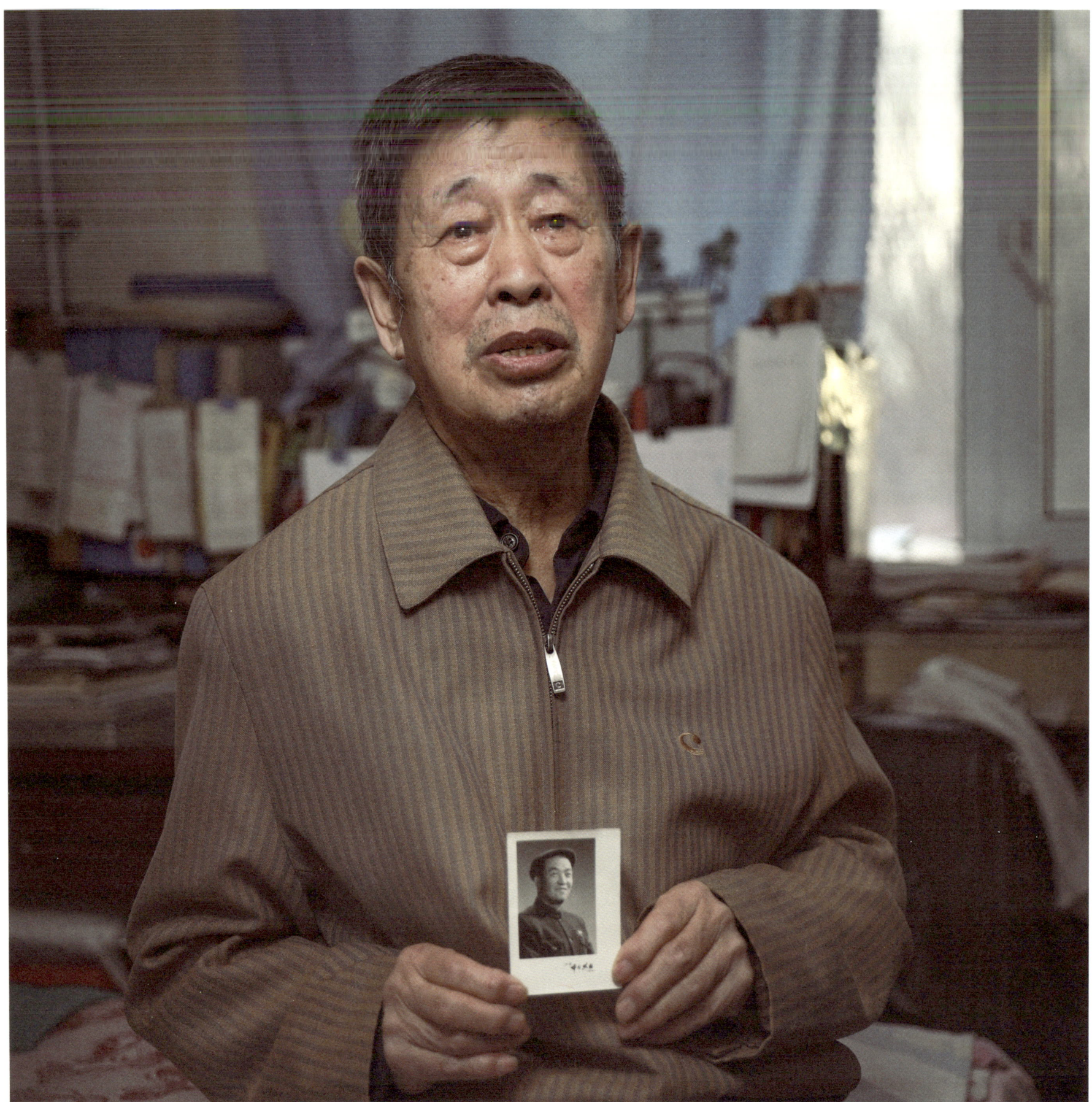

The Petroleum Veterans

李振久 74岁 口述

铁人，我永远的榜样

Li Zhenjiu

我生在辽宁，长在吉林，工作在黑龙江。

1961年11月，我来到大庆参加石油会战，在钻井队当技术员，1962年8月调到钻井指挥部团委工作，也在大庆1205钻井队工作过。

那时在井队工作，早上吃两个窝窝头、喝玉米糊糊；中午吃高粱米、大碴粥，一个礼拜吃一顿馒头。那真是勒紧裤腰带干革命，一直到1963年才好些。穿的是48道杠杠服，大家都一样。

"那时，我就在铁人身边工作。铁人永远是我学习的榜样，铁人的高大形象永远记在我心中。"李振久眼睛湿润地说道。

记得"铁人"王进喜当时在钻井二大队工作。他总是说，机关要多为基层服好务，还规定了机关"五不"作风，即不怕任务重、不怕任务急、不怕要求严、不怕任务杂、不怕连轴转。

一次到井队来检查工作，给他做的鸡蛋糕、大米饭，他说："啥也不吃。"还十分生气地说："大伙吃啥我就吃啥。"晚上我把铺让给他睡。可天不亮，铺上没人，一打听，回大队工作去了。铁人想的是整个大队14个井队的事。

铁人天天围着井队转，哪个队有问题立即就去哪个队。有时坐解放卡车去井队、有时骑着小摩托跑井队，每天一遍。

我在3249钻井队，一次岩心没取上来。大家不吃饭，是没脸吃啊，11个人都哭了。铁人又鼓励我们好好干，一定能取好。我们憋股劲儿，一点点认真打捞，结果捞上来了，大家高兴得蹦起来。

1970年8月，铁人病故前给李振久寄了他1959年参加群英会和国庆十周年观礼时在北京中国照相馆拍的照片，李振久保存至今

我给铁人念《毛选》中的《矛盾论》《实践论》，当念到"不入虎穴，焉得虎子"时，铁人打断我问："啥意思？"我解释半天，他说太费劲儿，不就是"不进老虎洞，抓不住虎娃子"嘛，说完，他和旁边的人一起笑起来。

铁人当了"九大"代表，回来给大家作报告。我们沏好茶水、搭好台子，等着他来讲话。他一到，就命令把这些东西拿掉，"摆这干啥？我就是个老钻工，谁还不认得我王进喜。"拿掉后，大家一起围着铁人听他讲话，那个亲啊。

铁人在北京中国照相馆拍的照片，给了我10张，我保存了50年了。之前给过别人，现在就剩下两张了，我有时就拿出来看看。我想念铁人。

铁人为油奋斗一生，把一切都奉献给了国家，我忘不了他。

1998年5月，我退休了。我钻井干了8年，政工干了20年，如今订阅了7种报纸、5种杂志，天天读报学习、看新闻，关心石油工业发展。

每年，我都要到大庆1205钻井队去看一看，那里是我的根。我与年轻人拉家常忆传统，看到井队依然是标杆旗帜，很欣慰。

张云普　整理

The Petroleum Veterans

刘书城 81岁 口述

Liu Shucheng

"斗硬"是我一生的追求

我1938年出生,重庆人,我是在敌人的炮火中出生的。1958年,我从重庆石油学校石油天然气开采专业毕业,参加川中石油会战。

1960年4月,我任蓬莱大队试油2队技术员,随后奔赴大庆油田参加石油会战。当时从火车站下车,坐拖拉机走一天才到大庆。那时还是天寒地冻,没有住处,就住地窨子。

我在大庆第二探区试油3队当技术员,负责摸清大庆油田第5口探井——杏26井的产油、产气及含水情况。当时井上用作清蜡的刮蜡片是从玉门油田带来的,实际应用中经常出现安全问题,队干部把改良刮蜡片的艰巨任务交给了我。

我画机械图、制作模型、上井反复试验,和队友们用了整整一个月的时间,新型刮蜡片得到了大家的一致认可,在整个探区推广使用。

后来,我被调到了指挥部,负责5个试油队的技术工作。1962年,大部分试油人撤离大庆,试油队由原来的5个缩减到2个,我留了下来。

由于没有了试油任务,我被分配去种地,当时工人每个月每人可以领到45斤粮食,而作为干部的我每个月只有28斤。长期吃不饱,加上劳动强度大,那段时间对于我来说尤其难熬。但我很乐观,我没有抱怨,积极完成劳动任务。钻井指挥部成立后,我被选调到完井作业处,负责生产井的完井作业工作,确保每一口新钻井在下完套管后油流能够顺利流出。

1958年,在重庆石油学校毕业前夕和同学张斌龙合影留念

大庆油田采油厂成立后,我又来到了当时最有名的标杆采油队——"斗硬"采油八队当技术员。由于管辖区域位于油田过渡带,认识不清楚,采油难度大。一开始,我感到压力很大。但得知队长、指导员都是战区标兵,采油工也大多是从玉门来的高级工后,我放下思想包袱,在榜样的带领下勤学多问、迅速成长,随后逐渐走上管理岗位。

1994年我退休了,育有三女一儿,现在生活很幸福,感谢油田、感谢党。

回顾起整个石油生涯,我这一辈子,绝大多数时间是在和新工艺、新技术、新问题打交道,别人搞不了、不愿意干的,我总是不服气,总要再试一试。干啥就一心一意干好,领导交办的任务,从未讲过条件,"斗硬"这两个字是我一生的追求。

1958年,在川南油气田黄瓜山气矿参加工作后拍的第一张照片,用在实习技术员工作证上

张云普 谢佳悦 整理

刘玉福 92岁 口述

Liu Yufu

两月住井，胡子长了，回家儿女叫『爷爷』

我叫刘玉福，生于1927年，别看我个子不高，但有股子韧劲儿。

小时候，我给地主放羊，睡光板，还总挨打，至今我的后脑上还留有疤痕。

我参加过抗美援朝战争。记得当时是10月份，鸭绿江水冰冷刺骨，要从江上趟水过去。天冷得马都不走，我是第一个跳下去的。战场上，我在草地上趴着，轰炸机在天上盘旋扫射，只要飞机一离开，我们就继续跑，那可以说是捡了条命。后来，我一家人还到鸭绿江断桥去看过，我在那站立了好长时间。那段岁月我永远也不会忘记。

我最看不了战争片，受不了，看一会儿自己就掉眼泪，因为我的好多战友牺牲了。

"怕艰苦不是共产党员，是党员就要吃苦在前，享受在后，全心全意为人民服务，要有'一不怕苦，二不怕死'精神，随时可以献出自己的生命。"

1961年5月，我离开青海冷湖钻井队来到大庆油田，在大庆钻井一公司一大队1245队当钻井工人。1964年我调到井下作业公司，一干就是9年。

在井队时，离家很远。5月下人雨，我们住帐篷，铺席子，雨水灌进来，都没了膝盖，十分艰苦。打井是体力活，一天两顿饭，天天吃苞米、高粱米，没有细粮，我吃不饱。因家里条件不好，我买香蕉专挑皮黑了的，那样的便宜。

那时全油田都向铁人学习，向铁人致敬！"就是饿着肚子，也要拿下大油田。"现在大庆油田走过了60年，矿区早已变成了现代化城市，我的头发也白了。

抗美援朝军功章、大庆油田会战纪念章等

后来，我在大庆油田物探公司、物业二公司房管所工作，当了10年班长，还是那样吃苦耐劳，不怕苦不怕累。

当年在井队打井时，我常驻井。一来离家远，二来井队总搬家，经常一两个月不回家，在野外也没地方剪头、刮胡子。等到回家时，一开门，满脸长长的胡子把女儿们都吓哭了，大喊着："来了个长胡子的爷爷。"

我回不了家，家里的事就全由妻子照料。孩子多，就把儿子送回河北承德老家。孩子有病时，妻子背一个抱一个去医院。

我有5个孩子，4个女儿1个儿子，都在油田工作。老伴患有糖尿病18年了，我一直照顾着。

我总对儿孙们说，现在过上了好日子，什么时候也别忘记了党和油田，我吃的苦受的累没什么。

张云普　谢佳悦　整理

1956年3月31日，在中国人民解放军第65军194师580团复员后调入工兵连

The Petroleum Veterans

娄福弟 81岁 口述

Lou Fudi

为了早日拿下大油田

1998年,在河北省秦皇岛市疗养和部分年轻时的照片

我是1938年出生,辽宁黑山人。

1956年在玉门学习钻井,1959年8月1日毕业,干了一年,当过副司钻。1960年5月17日,我从玉门来到大庆参加石油会战。

来大庆后,在采油一厂群英村四矿当采油工,是在"五面红旗"之一的薛国邦队里,有200多人。

当时,生活十分艰苦,一月供应粮食30斤,想想都是年轻人,不够吃啊。而且天天吃高粱米、玉米面,干的是重体力活,有时吃的就是土豆,算是改善伙食了,受不了啊。但没有人叫苦叫累,就是为了能早日拿下大油田。

当时行李没到,住的是牛棚,可冻坏了,穿的杠杠棉袄脱下来就立住了。还洗不上澡,住的是大通铺。

那时油田自喷井多,清蜡很累,都是手摇清蜡,一清就是800多米,有时就不回家,累了趴下歇会儿再摇。

想想过去的艰苦,我们老一辈的人都坚持下来了。到了20世纪70年代,条件就好多了。

我有5个孩子,有的在油田工作,有的在外地工作,有的上了大学。我们家被评为"五好家庭"。有时参加些活动,我就当起义务讲解员,为下一代讲传统。

大庆油田时时惦记我们这些老人。感谢党、感谢油田,我们现在很知足了。

张云普 谢佳悦 整理

The Petroleum Veterans

立志为祖国献石油

Lv Shaosi

吕绍斯　81岁　口述

Part 05 ——大庆油田篇

我是1964年毕业于北京石油学院，分配到大庆油田勘探开发研究院，大学期间生产实习和毕业实习都在大庆。

1959年，恰逢中华人民共和国成立10周年。高考前一个月，北京石油学院来我校做招生宣传，讲了当时国家的石油形势。本来对石油一无所知，但听说外国专家断言中国是个贫油国家，不可能有大油田，以及当时北京公路上跑的汽车都背着大煤气包后，心里很不是滋味儿，深切地感受到国家需要石油，需要年轻人为石油工业做贡献。

同年8月末，我顺利接到了北京石油学院的录取通知书，兴奋得两宿没睡着觉。一来，我是家族有史以来第一个大学生；二来，当年考上大学就意味着家里少了张嘴吃饭，工作也有着落了；最重要的是，我终于能够实现"为祖国献石油，为国家做贡献"的理想了。那一年，厦门遭遇了60年一遇的强台风，狂风暴雨把房盖都掀开了，火车也停运了。我一边在家收拾行李，一边心急如焚地等待，生怕错过了报到时间。火车一恢复通车，我就立马裹着铺盖卷奔赴北京报到。

我记忆最深的是三年困难期间，经常饿肚子。1962年，我在大庆油田1201钻井队实习半年。当时大学生一个月最高定量35斤粮食、半斤油，不够吃，肚子里没油水。饿得没办法的时候，我会去红旗饭店周围的小自由市场，花高价买上一块小月饼或者几颗糖果，不敢快吃，不舍得吞，要慢慢琢磨滋味，那真是特别香。

1962年11月，研究院开发室的支部书记李忠荣发现室里的小伙子身上都有浮肿，那是因为缺营养加上睡眠少。为了给技术干部补充点营养以保证会战高强度的生产工作，他带着20几个小伙子去北安农场（解放军农场）捡黄豆，半个月捡了六七百斤，回来打豆浆做豆腐，在当时来说那可是美味佳肴。

在1201钻井队当技术员时，有一次和师傅上零点班，帮师傅拿工具。一到井场，管钳落在队部了，师傅让我回去取。想起同事说夜里常有狼群出没，从未在野外见过狼的我吓坏了。"特怕遇到狼群，可不去怎么成。"我就硬着头皮往队部走。队部到井场有五六公里路，地广人稀的荒原上，高高的芦苇荡郁郁森森。走着走着，黑夜中多了两束绿光，

1964年10月1日，北京石油学院开发系全体党员离校时合影

回头一看，发现身后真跟了一只狼。"这可坏了，小命要交代。"我一边走一边向后看，紧走狼就紧跟，慢走狼也慢下来。当离队部还有20来米的时候，我撒腿就跑，对着当时正在收拾厨房的做饭师傅大喊："师傅，我遇到狼了。""别怕，小吕。"后来，多亏食堂的两个师傅照顾，又陪我一起回到井上去。师傅知道后还表扬了我。

我与爱人是同班同学。她是河北人，毕业分配到油田设计院。结婚时分的房只能放一张床铺，做饭是公共厨房，后来搬到砖房。

1964年7月毕业，我分配到研究院，管地下怎么打井；老伴分配到设计院，管地面怎么输油。当时我在研究院开发室，大庆长垣地区的上万口井的井位都是我们设计的。这么大的油田，怎么开发？一点经验没有，而且开发室里基本上都是新毕业的大学生。1500米左右深的油层埋在地下，怎么运行和开采？一是通过开发试验区确定开采方式：先打井，收集大量资料分析对比后，再定井位。比如，砂层深油层厚，用行列注水开采；葡萄花油层沉积分散，用面积注水开采。二是确定开发原则：特别重视地下第一手资料的录取，72项资料一项不能少，同事夜里冒雨去找丢失的岩心，这件事我一直记得。

张云普　谢佳悦　整理

1964年7月，从北京石油学院石油开发系石油工业经济与组织专业本科毕业

马德仁

『永不卷刃的尖刀』『五面红旗』之一

Ma Deren

1960年，"五面红旗"之一的钻井队长马德仁带领1202钻井队创造了"清水开钻"的新方法，提高了钻井速度

我是1925年10月1日出生于甘肃省永昌县金川乡，1949年11月参加工作，1955年10月加入中国共产党。

1960年3月，我带领1202钻井队来到大庆参加石油会战。在极其困难的情况下，我们常常几天几夜不离井场，每一口井从搬家、开钻、完钻、再搬家，寸步不离。在打1598井时，井场离驻地很远，需送饭到井场吃。有时饭菜少了，领导们就紧紧腰带宁肯挨饿，也会让工人们先吃饱。为抢钻井进尺，我从未好好休息过，疲倦得不行了，就把头伏在膝盖上闭闭眼。大家也都是这样，全队创造了月钻井"五开四完""六开五完"等新纪录，用八个半月的时间打井22口，实现了钻井进尺上双万米。

1961年，我带领全队职工用九个半月时间打井28口，钻井进尺31700米，超过了苏联格林尼亚功勋钻井队的水平，刷新了世界钻井进尺纪录；实现了全年安全生产无事故，口口井质量合格，全年机械利用率达到99%，创造了中型钻机月完钻井数、月进尺、日进尺、班进尺、钻头使用、低成本等21项全国高纪录。

1963年，又打出了"三一"优质试验井，创造钻机月钻井进尺4615米，队日进尺1080.26米的全国最高纪录。我所领导的大庆1202钻井队分别被授予"卫星钻井队""永不卷刃的尖刀"等称号。

1960年7月，很荣幸，我被石油会战初期党的临时办事机构——石油工业部机关党委树为全战区"五面红旗"之一。1977年石油工业部授予我"会战初期五位著名老标兵"之一的称号。

张云普　整理

马维仁 79岁 口述

司机，也要为会战保生产

—— 大庆油田篇

1960年，到大庆油田后拍的第一张照片

1983年，住干打垒时在家门口全家人的合影

我是1940年出生，甘肃兰州人，1960年3月从玉门油田报名支援大庆会战。

当时石油工业部领导说："国家缺油，年轻突击队员要到祖国需要的地方去。"

3月3日在安达下车，我随后就当了一名生产车司机，往井场拉运钻井设备、重晶石粉、油料等物资，保障钻井生产。

会战时期，上山拉木头，给井上送去石头、水泥，只要是井上生产用的，我都争取第一时间送到。

那时候，拉油保开钻，没有路，晚上车没有灯，就摸着黑开到葡萄花油田，然后连夜又返回来，天就快亮了。

记得7月份一天，下着大雨，喇83井井喷，我拉重晶石粉上去，卸车时自己拽不动，井场上的人和我一个拽一个，很快卸了车，压了井。

刚来大庆那年，我才20岁，正是长身体的时候，吃菜根子就稀饭，常常吃不饱，有时到井队肚子就饿了。

记得有一次到大庆1205钻井队，晚上睡不着，就是饿的。那时就认识铁人，我们都是从玉门来的，铁人脾气大，干不好就训你骂你，其实，他人还是挺好的，生活上挺关心人的。给队上送土豆，卸完车，铁人说："给车上留几个儿，你拿回去吃吧。"

有一次到"铁人"王进喜的井队干活，铁人见我为人实在，干活又麻利，中午吃饭时，给我这个"小老乡"多留了一个馒头，又从锅底舀了一勺干一些的菜糊糊。那次之后，只要铁人的井队需要车辆，就会第一个找我来。每次来铁人的井队干活，我总能吃得饱，说话也随性，干得分外起劲。

1969年发大水，我刚出车回来，领导说："要立即把防洪物资送到前线去，运输上不去，井队就抓瞎。"顾不上吃饭，连夜就出发了，结果24小时没吃饭。

我有两个儿子、一个女儿，都在油田工作。

我开了一辈子车，这么多年来，不管是油田会战时繁重的生产任务，还是油田建设时期风里来雨里去，尽管始终忙碌，家里大小事情也基本都是妻子马青英在照料，但我一直很喜欢自己的工作。退休后，我和妻子居住在大庆创业城小区，身边邻居大多是会战时期的战友、同事，孩子们就住在附近，经常会回来看我们，我们老两口平时爱去社区的活动室和老年大学，晚年生活幸福。

张云普　谢佳悦　整理

老會戰

Part 05 —— 大庆油田篇

我就是颗螺丝钉

穆群义 86岁 口述

Mu Qunyi

1959年，在山西煤炼油厂参与测量工作时合影

1959年11月，来大庆会战前与北京设计院科室人员合影

　　我是河南洧川县南席镇两新庄人，1956年入党。在县城念初中，那时一元钱的学费都交不起，是借钱上的学。1952年参加河南颍阳地区统考，初中毕业。

　　1953年在北京参加工作，同年4月19日到北京石油勘探室报到。1961年1月5日来大庆，那时28岁，在农垦总场政治部任组织科干事。

　　1963年到了劳资处，1964年去青海招人，加强基层队建设；后来到油田总机厂工作，20世纪80年代合并到大庆市萨尔图区教育科。

　　我清晰地记得，1981年7月，申请又回劳动局安置办，负责油田员工家属转大集体，外地下乡知青转大集体。

　　这一生，我干了三件大事：一是在1961年10月至1962年3月，我在职工探亲办公室时，3万多人到大庆参加会战，到了春节，有的人要探亲，我负责给每人家5斤黄豆，请吃顿便饭，到车站联系送上车；二是1982—1983年在安置办，负责下乡知青转大集体；三是1983年底，我在大庆石油管理局劳动局工作，负责工人考核、转任技师的业务。

　　在总机厂工作时，我干过人事，管过教育，干过宣传。那时正是"工业学大庆"的时候，组织宣传队，到基层运输队等开展活动，用文艺宣传凝聚人心、激发干劲。

　　作为一名党员，我永远服从组织分配。我就是一颗螺丝钉，不会就学。

　　退休不褪色，离休不离岗。1992年退休后，我写了两本书，都是关于老年感悟内容的。其中《中国名言辞典》收录了我的7条感悟。

　　现在在老年大学练书法，经常写字送给大家。还注重养生，剪贴了16本老年养生内容。

张云普　谢佳悦　整理

为石油奋斗一辈子

邱岳泰 84岁 口述

1958年9月，在玉门油田检查站前，邱岳泰（左一）和两位同事

我是北京通县人，1935年出生，1955年5月作为北京石油学院石油地质专业第一届毕业生到玉门油田石油沟工作。1960年7月，从玉门来到大庆参加石油会战，继续从事地质技术工作。

我是个老石油工人，大庆油田原高级工程师。王进喜是我的工友，60年前，我们一起从玉门来到一片叫萨尔图的荒原。

我在大庆三探区钻井指挥部地质室工作。地质室设在群英村，办公室在一个新建成的干打垒里。那时用馒头当橡皮擦，完成了大庆油田第一张地质构造图。

当时任地质技术员，油田急需绘制中区开发钻井井位构造图，没桌子咋办？桌子凳子自己做。没有拷贝台就找木头搭一个架子，顶上放上玻璃，玻璃下面放个灯泡当投图台。

花了近一个月的时间，图纸完成时已经变成了黑色。因为当时取暖烧原油冒黑烟，室内到处都是土和灰，一摸就一手黑。

用橡皮越擦越脏，突然想起在玉门工作时，听玉门老工程师说过一个法子。老师傅们说过，用馒头渣子可以黏掉灰尘，可口粮一天不到一斤，不够吃，还都是粗粮，哪有馒头？同事想办法淘弄来两个"宝贝"馒头，精心把馒头捻成小米粒大小的颗粒，一点点在图纸上揉擦，图纸渐渐恢复了"本来面目"，圆满完成了任务。世上无难事，只怕有心人，干了一辈子地质，回忆起来感到很光荣。

地面偏差毫厘，地下差错千里。工作期间，我对比500余口井的原始图幅，将上万个数据按井排整理成册，完成的井的地质设计无一差错。还参与设计大庆油田第一口断层面取心井，没有国内外先例的借鉴资料。投入大量的时间和精力，克服重重困难，用愚公移山精神将断层的分布范围和现状展示出来。为了提高构造面精确度，加密等高线到10米一条，精度提高一倍多。

难忘1962年的国庆节，在历经22天后完钻。钻井数据可喜：将断点上下岩心连续取心36.68米，实现国内"断层取心"零的突破。萨尔图中8-23井断层取心设计中，准确判断出断层的深度，受到了老领导康世恩的赞扬。

"狗皮帽子男女戴，48道杠杠服穿起来，油漆马路粘轮胎，大人小孩都缺钙。"这顺口溜是石油老会战永久的记忆。

那时我对妻子满是愧疚和感谢。还记得1960年的那个冬天，刚到大庆的妻子范学芝尤为难熬，因为她要尽快适应新的环境和新的工作，在做好工作的同时还要照顾好一家人的生活起居。

在钻井劳保科工作的妻子当时负责到安达拉运工人过冬的棉衣，后勤用车都是在晚间，一趟来回要三四个小时。在解放车上冻得不行，回家常常是深夜，又冷又累，第二天早晨四点还要准时起床烧火，再上班。

那时的家，冬季打水难。井口细，一洒水就冻上了，井口越冻越小，最后只能下一个小罐头盒进入。

入冬后盖干打垒用作办公室，妻子跟来只能住集体宿舍，后来领导决定给家属一家一间房。

这辈子，我家三代人就干了一件事，那就是为祖国献石油。为石油奋斗一辈子，现在四世同堂，15口人，家人全部都在石油战线上。

张云普 谢佳悦 整理

80岁圆了入党梦

王修禄 82岁 口述

Wang Xiulu

1979年8月，参加大庆运输指挥部秋季篮球赛获得冠军后合影

1977年11月，在大庆火车站送老战友张玉凯留念

我1937年出生，河南滑县人，1960年招工来大庆，先是在支边青年学校代课。

1962年我当装卸工，最艰苦了，吃窝窝头。当时招工一起来了500多人，有好多人半路都跑了，我坚持了下来。

没有苦就没有甜。我一生受过很多挫折，从小要饭。中华人民共和国成立后生活好了，16岁加入共青团，18岁进入河南财会学校学习。我特别要求进步，后来一直在大庆油田公路公司工作。

石油会战是最困难的时候。当时的大庆油田没有路。1960年5月，我参加修建了大庆第一条公路——萨大路，全靠人工，没有机械，垫土方、碎石就用铁锹、扁担、大筐，靠的是人拉肩扛。路修好了，下雨天可以走了。

随着油田的发展，1963年，我参加修建大庆第一条沥青路——西干线，后来又修建中央大街路，那可是当时最好的路面。1965我又参与修建了大庆东一路，是高级路面——混凝土路面。

放在哪都要干好，干工作不打折扣。我当小队长，一个月粮食不够吃，40人一天装石料55车，两头不见太阳。油井打到哪里，路就修到哪里。大庆人艰苦创业，大庆精神铁人精神继承下来了，经得起考验，我现在感到很知足。

我家十多个奖状摆了一柜了。1993年退休后，我在老年大学，练书法、写地书，义务为社区办板报。党培养了我，不能忘记党。

2016年10月9日，重阳节当天，在大庆油田路桥公司办公楼一楼大厅，我面对鲜红的党旗，举起了右手，庄严宣誓。从这一天开始，我实现了自己追求一生的理想——成为一名光荣的中国共产党党员。

我写诗："童年逃荒外乡流，饥寒交迫度春秋。酸甜苦辣皆尝过，生死离别记心头。石油开发大会战，为国我做大贡献。改革开放政策好，晚年生活乐心头。"

如今，我4个子女早已成家立业。"如果没有共产党，就不会有我今天的幸福生活。"我常和孩子们说："要爱党，报党恩。"

人，最大的魅力就在于有坚定的信仰和阳光的心态。不忘初心，在平凡中演绎精彩，我最终实现了自己的梦想。

父母给了我第一次生命，共产党给了我第二次生命。革命人永远年轻，我有生之年，一定要把中华民族优良传统发扬光大，把志愿精神传承下去，继续为社会贡献力量，为党的事业奋斗终生。

张云普 谢佳悦 整理

The Petroleum Veterans

杨国珍 87岁 口述

Yang Guozhen

东北汉子到西北钻井，大庆石油会战返回东北

1950年10月，解放军到村里动员年轻人加入担架队，到前线运伤员和物资，支援抗美援朝。18岁的我带着土改时家里分到的大马和满腔的爱国赤诚到乡里自愿报名参了军。

1956年元月我正式复员，不久复员团里号召大家报名上玉门。考虑到家里的老人需要照顾，一开始我并没有报名，后来受老乡的影响，考虑再三后报了名。当时团里都在传，玉门很偏远，有"过了玉门关，两眼泪不干，死了爹娘都不见"之说。老乡听说后把报告要了回来，可是我却没有。

1956年3月5日，我和1000多名复员兵一起，坐火车去了玉门。领导考虑到我脚上长了鸡眼，安排我到钻井队做柴油司机助手，可我不干，听说钻工更累更苦，我要去试一试。刚做完脚手术的我挂双拐跟在轮训队伍后面参观学习，雪下大了不好上山，我就趴下来爬着前行。由于轮训表现好，我被评为先进，被推荐参加了钻井公司第一届党代表大会。后分到玉门钻井公司三大队，在石油沟用的是进口钻机，当上了钻工。1956年10月份，这个队整体调到青海，我在青海工作了7年。

1958年3月末，青海勘探局决定给队里配一部在当时自动化程度高的钻机，5月开钻顺利创出月上2200米的纪录。石油工业部在玉门召开现场会，要求先进单位派代表参加，队领导派我作为代表团成员参加这次会议。同年7月7日会议召开，对于这次会议的记忆很深：康世恩副部长要求各油田多来人，余秋里部长讲话要求学解放军，团以上单位要有政治部，基层单位要设立党支部；问各单位钻井成本，批评说有的是用"金条打井"，给国家造成了损失，后要求"三解放"，指"解放钻速、解放泥浆、解放油层"。我对这次会感到很振奋，触动很大。

1965年，在大庆留影

后来到新疆油田张云清的队伍参观12部东方红拖拉机整体搬家，对我思想影响很大，受到了教育和启发。1958年8月末，我在做了钻工、井架工、副司钻后，被任命为井队政治副指导员。

1963年10月，我从青海来到大庆。当时副科以下干部均免为工人，三战区发现我是钻井老师傅，找我谈了3次话，让我去采油一部刚成立的井下大队，我没去。我记得来大庆前，听说大庆采油工穿白布衫管油井，不像青海风沙大，也考虑年龄大了，选择当采油工。当时大庆北一区一排建好了还没投产，那时大家看井都怕有狼，我不怕，自告奋勇，一个人看4口井。后来去会战标杆单位二矿一队，再后来在北五队当指导员，作为"工业学大庆"蹲点参观点。

大庆采油七厂成立后，我又来到刚成立的技校当校长，当年去哈尔滨招了500个学生。后来在采油七厂投产时我被任命为二矿矿长管生产，又做过二矿党委书记，退休前在采油七厂机关工作。

张云普 谢佳悦 整理

1961年，与爱人在青海省冷湖市工作单位合影留念

The Petroleum Veterans

张铭文 84岁 口述

宋振明带我给井队送灯泡

Zhang Mingwen

1963年，新疆石油物资系统领导来大庆慰问新疆来大庆参加会战人员后合影留念

我叫张铭文，河南新乡获嘉县楼村人。我1948年参加工作，1952年参加抗美援朝，1956年转业到新疆。1960年大庆石油会战打响，那时急需干部，3月1日，我从新疆克拉玛依乘飞机到哈尔滨，3月8日坐面包车来到大庆，是先遣队来大庆的17个人中的一员。

到大庆后，我管供应钻井材料。井队需要钻头等材料，我们就送到井队，哪个井队需要就供应上。当时老百姓有7个牛棚没使用，我们都给利用上了。井队需要什么材料，我就登记名称、规格，写上标签，批给井队。一两个月都住在活动板房里，接电话，确保供应及时，每天到材料库做好安排。

我在支援大庆材料股，对井队熟悉，保钻井开钻，赶快打井早出油。为了保证钻井，我和物资指挥的人住在146现场的帐篷里，成立供应指挥部，管整个油田物资供应。后来我到器材科当副科长，又是党员，负责全面工作。

党让干啥就干啥，参加革命不为高官厚禄。"没有条件也要上，就是夜里、雪天都要上。"1960年9月，6排8井要开钻，下大雨，车进不去，我动员全科男女老少给井队送料，背着、抬着材料上井保开钻。七八十人，没有路，都是荒草地，淌水，深一脚浅一脚踩到泥里，走起来十分费劲。当井队队长、指导员看到我们来送料，高兴得不得了。

夜间井队没有照明，要把灯泡送上去。我先把灯泡找出来，开好单，再跟会战办主任宋振明一起夜间送灯泡。

这件事我一直记在心里。那是3月份的一个夜间，天还挺冷，门外突然开来了一辆小车。下来的人个头老高。"我叫宋振明，井上需要灯泡，你带上跟我一起送去。"我答应着，赶紧去取出一盒灯泡，坐上小车就左摇右晃地开向井队。"你叫什么名字，工作累不累啊？"我都一一回答。"我看你很能干，很好，很有希望。"我很自得地说："谢谢宋主任鼓励。"

没一会儿，车到了井队，宋主任下车和井队的人说："我们给你们送灯泡来了，你们需要几只？"我立即按需要数填好料单。按照宋主任安排，我又送了一个井队。

这次领导夜间亲自为井队送灯泡，对我思想触动很大。这明确告诉我们，领导班子必须放下架子，为基层为生产服好务，领导带头这样做，并树立了榜样。通过这一事例，我们为井队供应服务上更周到了。我有三儿一女，都在油田上班。多年来，我一直都在大庆油田物资系统工作，1990年离岗。1997年我开始写回忆录，写了一部十卷，现在还要重新再写，为了纪念那难忘的峥嵘岁月！

张云普　谢佳悦　整理

The Petroleum Veterans

赵树举 84岁 口述

Zhao Shuju

让大家吃上鱼，一年不回家

1961年，在大庆油田工作后介绍对象用的照片

我是1935年出生，辽宁彰武人。1960年3月从部队转业，来到大庆参加石油会战，开始在钻井系统工作，1963年4月到大庆采油一厂工作。

我在大庆采油一厂中八队、中十队工作，管油井。地下压力很高，自喷井多，产油多。但总要清蜡，活很累。

1963年下半年，我在副业科当科员，保障后勤生活供应。就是打鱼，每月每人供应3斤鱼。

那时打鱼到过黑龙江泰来、黑河。在黑河时，我带领60人，与当地造船厂的职工一起，用机械拽网，一网一万多斤。还有大鳇鱼，一网上百斤。那时交通十分不方便，一年回不了一次家。

再回大庆后，当后勤管理站站长，搞农林牧副渔，还带大家种地，1993年退休了。

刚到大庆时，那真是头顶青天、脚踏荒原，没有住的地方。住干打垒，一住就是10年。

自己动手，住地窨子、住菜窖，能住上马棚就是好地方了。大家一起盖干打垒，后来就住上了房子。

没有好吃的，干粮就着雪一起。后来好些了，吃"黄金塔"，其实就是窝头，那黄黄的，就是好东西了。穿的是黄棉袄、戴的是狗皮帽子，男女一个样，分不清是男是女。

在生产前线，晚上能点上油灯就不错了。走哪睡哪，有时就在井队旁边的高粱挠子里头对付一宿，早上起来，身上一层小清雪。

"铁人"王进喜真是能干，他是标兵。"不干，半点马列主义也没有。"真干才创造了奇迹。那时，王进喜当大队长，在陈家大院打井，车陷里了，我们帮着一起抬。

退休以后我也经常参加油田、社区义务活动，当上了小区片长、支部书记、巡逻队队长。忆过去、讲传统，关心下一代。油田很关心我们，现在比过去好上千倍，吃得好、穿得好，真是幸福啊。

张云普 整理

The Petroleum Veterans

朱洪昌 87岁 口述
干革命干到现在没有说过不行

Zhu Hongchang

Part 05 — 大庆油田篇

我是1960年从甘肃临时抽调到大庆参加石油会战的。5月，会战揭开序幕，基建工程进入了紧张的施工阶段，我们工段包下了20公里输水管线的修建任务。那是我们第一次修管线，虽然困难重重，但却没有吓倒我们。

那时我总是在各段之间来来回回了解情况，以便发现问题及时解决。6月中旬，管线焊接完毕，全部下沟。6月18日，我带领工人做试压前后全面检查时，发现管线有一处裂缝漏水，如不马上焊好，就要耽误试压，耽误投产。当时我没有一点迟疑，直接跳进没腰深的泥水里抢修，用布条塞、绳子绑都堵不住漏水。最后，我用手堵住漏水，让电焊工焊。电焊工不干，我马上说："工人就得服从指挥，我命令你焊！"高温电弧的烧烤、电流传遍全身，这些当时都顾不上，只想着能够堵住漏水点。咬着牙把裂缝焊好的时候，挡电弧火花的饭盒都被烧了好几个洞。

就这样，我们苦战了三天三夜，终于顺利地完成了试压任务。20公里输水管线的修建任务，一个半月全部完工，经过输水试压和一系列的检查，全部符合国家质量标准。

1961年1月，我被调到供水战线，担任水厂厂长，在新的岗位上开始了新的"战斗"。

供水厂刚建起来，人员、组织机构和器材设备还不健全。刚开始，生产处于被动局面。供水远远满足不了油田注水和其他工程的需要，用户紧跟在后面要水。我当时心里想：先注水、后采油，才能保持油井的寿命，使原油长期稳定高产，任务是多么重大啊！为了早日熟悉生产，了解生产，我天天泡在工地里，摸索出指挥生产的正确方法。当时的想法就是：哪里有困难就奔向哪里，哪里工程艰巨就战斗在哪里。

1960年7月2日，在总结第一战役、宣布第二战役任务的万人大会上，总指挥康世恩代表会战工委，表扬了会战中做出卓越贡献的"王、马、段、薛、朱"五位英雄。会后，形成了更大规模的"学铁人、做铁人"活动，出现了一旗高举万旗红的局面

1970年7月的一天，我接到了时任石油工业部副部长唐克的电话："你马上到长春来一趟，这边有个工作需要你配合，你来了就知道了。"听出电话那头焦急的声音，我连手上的工作都来不及交接，就登上了开往长春的火车，当时就想着，咱们干革命干到现在还没说过不行！到达长春，推开会场门的那一刻，我才知道自己是被调到这里来当工程副指挥的，而这个工程就是日后著名的、为中国管道发展奠定基础的"八三"工程。

"八三"会战时期，物资匮乏，运管靠牛车，挖沟靠人力，现在看来是不可想象的艰难。可是当时来自东北、西北、西南的会战大军只讲奉献，不讲条件，施工现场到处红旗飘扬，我们看到的是激情满怀的军民，听到的是喧嚣鼎沸的劳动号子。

那时候的施工就是这样的，技术落后、机械设备缺乏，但是我们有激情，我们团结协作，我们向着同一个目标奋斗。时光的车轮悠悠转过几十载，那些为振兴中国工业发展而聚集在一起的意气风发的青年，现在早已两鬓斑白。但每当我想到那段激情燃烧的岁月，那些人、那些事，仿佛就在昨天……

王悦　整理

老會戰

Part 06 —— 华北油田篇

1964—1967

  1976年1月28日，成立华北油田会战指挥部。会战队伍以华北石油会战指挥部（时为大港油田指挥部）为主，并由山东胜利油田、吉林石油会战指挥部、陕甘宁长庆油田、湖北江汉油田等单位派出队伍参加，共计3万多人。各路会战大军一到任丘地区即投入战斗。其任务：一方面是开发建设任丘油田，继续打一批油井，并建成相应的集输管网、泵站和注水站工程；另一方面是对任丘古潜山周围的河间、留路、武强、霸县、固安和武清、高阳、蠡县、肃宁、深泽等十多个潜山进行勘探，以准备新的战场。华北油田的规模在中国各大油田中仅次于大庆油田和胜利油田，曾经是中国第三大油田。从1976年任丘油田投产到1985年，共有正常生产的油井960多口，每天产油2.8万多吨。自1977年起，连续9年稳定原油1000万吨以上。

我给铁人当"秘书"

卢泽洲 79岁 口述

华北油田篇

1965年12月1日，欢送时任大庆钻井指挥部的副指挥李长青

1965年8月21日，卢泽洲在大庆油田萨尔图草原留念

在我的生命历程中，最为怀念与纪念的就是与"铁人"王进喜共同工作的8年时光。随着年龄的增长，那段曾经激动、矛盾甚至痛苦的岁月就显得尤为珍贵。但令我宽慰的是在随后的近50年时间里，不管在大庆，还是跟队伍于1977年来到华北油田进行会战，包括退休之后，我一直以不同角度了解着铁人、认识着铁人、宣传着铁人。

如果没有认真了解与阅读铁人的经历与生平，大家只知道王进喜是那个头戴皮帽、身穿棉袄、手握刹把的汉子，或是在泥浆池搅动泥浆的英雄形象。其实铁人的事迹有很多，远远不止如此。铁人没有上过学，只在后来扫盲时上过识字班，所认字也很有限。虽然如此，铁人是聪明人，不仅认真还很专注，非常爱琢磨，对工作的认真程度使他在当钻工、当队长的时候就有了突出的业绩。在玉门油田的时候，他带领的钻井队第一年就成为标杆队，钻井进尺创当年纪录。钻井施工看似是粗活，其实是项很细的工作，各个环节紧密相连，哪一个环节出现问题都会影响到下一步的施工。所以铁人将他当钻工时所积累的经验传授给自己的工友，再加上组织得力，当"标杆"也就水到渠成了。1956队在玉门油田三角湾的765-2井因与上一个井口只有13米的距离，王进喜发明了井架整拖，从而节省了大量的人力与物力，开创了井架整拖的先河。

我于1962年毕业于北京石油地质学校，同年8月分配到大庆油田钻井指挥部，那时铁人已任钻井二大队的大队长。跳泥浆池搅拌泥浆的事情已然发生，那是1960年刚刚来大庆的事情。这个事迹传开后，1964年中央新闻纪录电影制片厂专门拍了纪录片。那时我在大庆钻井指挥部宣传科任秘书，有一天铁人从外面回来后从头到脚都是泥浆。我知道他虽然当了大队长，到钻井队要和钻工一起干活，但也不应该弄成这个样子。铁人说，电影、电影剧照片，还原从玉门来大庆时工人拉肩扛、为制止井喷跳到泥浆池中搅拌泥浆的场面。虽然只是"演习"，也让我很是心疼，赶快帮他换下衣服，将他送到澡堂。那张著名的照片虽然不是当时的场景，却真实地对现场进行了还原与再现。

我因为负责宣传工作，不仅报道铁人的事迹，同时也参与招待各个媒体进行采访的新闻同行。这样与铁人的接触就比较多，有什么事情铁人也喜欢找我。特别是开大会之前，铁人总是根据当时的生产实际琢磨出一些经典的句子，如"井无压力不出油，人无压力轻飘飘""宁肯少活20年，拼命也要拿下大油田"等。当时，有一片高压区域易井喷，谁都不愿意去那儿打井。铁人主动提出，他所负责的钻井二大队去。他说："我们打井就是为了出油，就是打高压井，打没有油气的井有什么用！"他所总结出来的语言既贴近现实，又有哲理性，这应该与他学习毛主席著作有一定关系。那个年代，学《毛泽东选集》是全民中的一件大事，有些人可能是被动学习，铁人却是主动学习。他跟我约定，每天都要抽出一段时间进行学习。因为工作忙，有时晚上九、十点钟他才回来，我以为这么晚他应该回家了，想不到他会到办公室叫上我一起学习。毛主席的《实践论》《矛盾论》给他增添了理论基础。

客观地讲，王进喜从事领导工作之后作出了更大的贡献。他不仅实现了钻井队的整体提速，还率先在钻井大队这个偏远之地建起干打垒，解决了住房问题；随后他又通过向有关部门申请，先后建起了商店、粮站、学校、邮局。

铁人的故事很多，可以讲上几天几夜。在退休后，我与大庆的同仁一起撰写《铁人传》，在此过程中，到玉门、大庆找了400多人采访，全面深入地展现了铁人的真实情况。

尽管我大部分的时间是在华北度过的，也经历了华北会战的整个历程，但我的根在大庆，我的情感寄托在铁人身上。虽然已退休多年，我今后的任务还是以学习、宣传铁人精神为主，让这笔财富完整地留给后人。

郭永江 整理

The Petroleum Veterans

马太芝 86岁 口述
让后进转变为先进

Ma Taizhi

我叫马太芝，四川人，1933年出生，1950年当兵，1956年转业到玉门油田，1960年到大庆参加石油会战，1977年到华北油田参加会战。

到华北油田时，我已调离钻井队，在机关从事党总支书记的工作。那时要求机关干部要做到"三个面向、五到现场"，即"面向群众、面向基层、面向生产""材料供应到现场、钻井设计到现场、技术管理到现场、生活服务到现场、思想工作到现场"。华北会战如同其他油田一样，都是从各个油田抽调来的钻井队，钻井队的管理与基础工作有所差异。当时从山东胜利油田调来的3297钻井队一年只打了一口半井，成为"老大难"的后进队。当时指挥部领导知道我有过多年钻井队的管理经验，就让我到这个队蹲点。

来到3297钻井队之后，我发现这个队的职工都很好，是队干部在管理上存在问题。因为管理不善，使这个队从井场到宿舍区一片混乱，就连野营房都喷出许多泥浆。我做的第一件事就是先改变面貌。打扫卫生、平整井场，将管架排上长短不一的钻杆摆放整齐；将野营房上的泥浆冲洗干净，要求所有职工不能随便乱丢垃圾；对厨房操作间的油污进行了彻底的清理，要求锅灶、墙面还有所有用具都要清洁见本色。为推动工作，在此基础上我又组织全队职工练技术。原来他们接单根的时候很随意，方钻杆打完后才从场地上往上拉钻杆，而且内钳工、外钳工配合也不好。我要求他们接完单根后马上就从场地上把下一个单根拉上来，仔细检查好公扣、母扣，再在母扣上涂丝扣油。对口井人员操作不熟练的问题，就利用起下钻的间隙让他们练习打钳子，保证接单根的速度在3分钟之内。

同时，根据岗位责任制的规定，要求每个岗位认真做好设备的检查、维护与保养，不能因设备问题影响生产。针对钻井队管理混乱的问题，我组织每天召开生产会，要求各班详细汇报当班工作情况，针对存在的问题大家一起进行分析，制订解决方案。同时，对下一班及第二天的工作进行安排；当然工作安排之后还要逐班进行检查与落实。对没有完成的班组或人员，要求完成后才能下班。这样一来，原来从班组到职工的懒散行为得到彻底转变，他们知道，队里安排的工作是必须要完成的。

1961年12月，时任大庆钻井指挥部钻井二大队大队长的王进喜到1250钻井队进行夜查

这个队的队长、指导员（党支部书记）都没有文化，管理简单粗暴，对职工张口就骂，从来没有好脸色。有一个职工因为长年不能回家，家里老人又想抱孙子，就让媳妇到队里来探亲，队长却说媳妇来了会影响生产，不给安排房子。我跟队长说："老李，你虽是队长，但要学着跟职工交朋友，要想着为职工解决困难与问题，人心都是肉长的，要用诚心、耐心、关心对待职工。职工只有心气顺了，才能干好工作。你不让职工家属来队探亲，井也没有打好呀。"

在我的要求下，队里给家属安排了单独的房子，并在生活上给予相应的照顾。经过几个月的时间，整个队伍从精神面貌到生产运行速度都得到了很大的改变。在随后的时间里，3297钻井队在柳泉地区用3个月的时间打了四口半井，年底受到了华北会战指挥部的表彰，颁发了锦旗，上面写着"柳泉一战传捷报、打出气井立头功"。

1952年，参加抗美援朝时的证件和获得的荣誉勋章

郭永江 整理

搏风击雪喇嘛甸

马卓 75岁 口述

1972年5月，在大庆油田1202钻井队学习《毛泽东选集》

我出生于1944年，1962年参加工作，先是在大庆钻井指挥部钻井一大队保养站工作一年，后来分配到著名的1202钻井队，一干就是8年。

1977年5月随会战队伍一起来到华北油田进行会战。华北的天气与大庆完全不同，特别是冬天，没有那么寒冷。尽管那时华北的条件也不算好，但社会的整体进步比大庆初期会战还是好了很多。更为重要的是，这儿离北京近，1977年之后的两年里公司一度还称之为"北京勘探指挥部"，首都所带来的自豪感是精神上的慰藉。所以，我们很满足、很欣慰地在这里工作，带着在大庆时的工作方法与精神进行钻井施工，没有熟悉与适应的过程，很快就创造了多项指标与纪录，华北油田在短短的两三年时间里年产量就达到1900万吨。由于高产井的储量有限，整个华北油田的产量又迅速下降，从各油田组织来的队伍呈现出过剩的局面。这也为重返大庆进行加密井施工埋下了伏笔。在我的工作历程中，有许多难忘的记忆，而喇嘛甸的暴风雪便是其中之一。

1981年正值改革开放后的发展时期，大庆为实现稳产5000万吨的目标，支持国家旺盛的能源需求，要用5年打1000口加密井。以大庆当时的钻井队伍无法完成，石油工业部便从华北油田的北京勘探指挥部抽调了17支队伍给予支援。此期间我两次回到大庆，参与喇嘛甸的会战。

1983年我第二次来喇嘛甸，主要担任综合办公室的工作。钻井队的工作虽历历在目，但时代、形势、环境的不同，使参与会战的队伍也面临着不同的困难与问题。4月25日，一阵狂风之后，紧接着就是暴雨。巨大的风裹挟着雨柱让居住在板房的我们心惊肉跳。第二天随着气温的降低，大雨转为暴雪，茫茫荒原上被漫天的白色笼罩，能见度只有五六米。这样的风雪天气是我们从来没有见过的，在外行走使我们抬头都比较困难；后来考证这是大庆60年不遇的暴风雪。但井上还在施工，一刻也不能停止。

32920队正在进行下套管作业，场地工在没膝深的冰水里给套管挂绳套，司钻吴晨曦娴熟地操作着刹把。与以往不同的是，风雪交加的天气让套管飘来荡去，口井上的三四个人必须抱着才能在剧烈的摇摆中把扣对好。旋绳湿且硬，大钳因冰雪也在打滑，干活的人虽然穿着雨衣，风雪却早已从还有接合的缝隙中灌到脖颈里面。因为劳作着，大家并没有觉着冷，如同会战初期一般，虽然室外零下30多摄氏度，冰天雪地，只要人在运动着，便会有热力在散发。这个本来只需三个多小时就能完成的下套管作业，大家足足用了七个多小时。大家的帽子、肩头、衣服下摆都结满了冰凌与雪粉。

固井的过程也异常艰难。因为固井车辆较重，灰罐车更是有几十吨重，积满雨雪的道路使这些车辆寸步难行。拖拉机冒着滚滚的黑烟，一台、两台、三台，十几公里的路，用了四个多小时才把几台固井车拖到井场。那些固井人早已成了"泥猴"。

在与暴风雨雪搏斗的四天四夜里，8口完钻井有5口结束了完井作业，6口打钻井天天见进尺，2口待迁井做好了搬迁准备，1口就位井及时开了钻。

郭永江 整理

The Petroleum Veterans

王生发 83岁 口述

争分夺秒实现『三个当天』

我叫王生发，1936年出生，今年83岁，老家在甘肃武威。我于1955年在青海油田参加工作，那时的环境非常艰苦，从敦煌坐解放卡车走了5天才到青海油田的油泉子。那个地方真是"天上没有鸟、地上不长草、风吹沙子跑"。就是这样的环境还算好的，听说第一批石油人是骑着骆驼进去的，那在路上起码要走一个多月。1959年大庆油田发现后，我随钻井队于1960年3月抵达大庆。我们的队伍是1201钻井队，在青海是一面红旗，并在大庆发扬光大。1977年我又来华北油田参加会战。

那时我是生产办主任，主管钻井生产，为缩短钻井周期，在各钻井队之间广泛开展了"三个当天"劳动竞赛活动。"三个当天"就是当天搬家、当天安装、当天开钻。这个过程虽然钻井队的人最累，真正考验的却是生产组织能力。为实现"三个当天"的目标，我带人首先踏勘搬家路线，掌握公路、乡村土路的路况、宽窄还有距离，统计钻井队的设备数量、野营房数量。那时我们用的基本都是大庆32型钻机、600型的泥浆泵，由于吊车吨位小，最大就是16吨，卡车的载重量最大也是十几吨。所以，像绞车、泥浆泵这些"超重"的设备都要拆开进行吊装；在统计设备数量时还要包括这些拆开的设备。只有将这些统计精确，才能安排好车辆。

白天到现场摸情况，晚上组织各后勤单位安排搬家的整体工作。安排车辆主要根据路途远近来确定数量，路途远，就要多派车，一趟拉完；路途近，车辆可以少安排一些，两趟拉完。各项工作主要是围绕着"三个当天"展开。各辅助单位的钻前大队在立起井架的基础上，要把泥浆池挖好；管子站负责拉运、摆放钻杆、钻铤等工具；生活中心负责保证搬家人员的餐饮、伙食；医院还要上救护车，以便在人员受伤后进行紧急处理。这些事情都要非常细致地进行安排与分工，以便做到各司其职。

1955年11月，王生发在青海民和参加工作后穿上工装的第一张照片

搬家的场面也是非常壮观的。几十台车辆汇集于井场，七八台吊车伸出长长的拔杆，钻井队加上后勤协作单位的员工共计近百人，在井场与宿舍并不宽敞的区域内，到处都是人头攒动、车声轰鸣。那个时代的人干起活来都特别有激情，好像有劲没处使一般。当搬家的车辆装上野营房、各种设备排着队驶上公路的时候，真可谓浩浩荡荡。新井那面更是紧张，不仅要卸车，还要随即进行设备的安装。因为提前计划好了各种设备的拉运顺序，所以什么设备先到、摆放到什么位置再进行组合与安装，这需要精准计算和密切地配合。

1977年5月，32629队从霸29井向霸41井搬家，一个班6小时就甩钻具240根。5公里的井距，仅用9小时50分，便实现了搬、安、开"三个当天"。在当时的环境中，只要有一个队伍实现这个目标，其他各队也不甘落后。当月有6队次实现"三个当天"，平均每口井22小时。到了9月份，"三个当天"的时间缩短为10小时38分。由此，大家已不满足于现有水平，速度越来越快，逐步发展为"四个当天""五个当天""六个当天"。

1077年3月，王生发从大庆油田来华北油田后到北京拍摄的第一张照片

郭永江　整理

超越苏联功勋钻井队

王天其 91岁 口述　华北油田篇

王天其展示大庆会战"五好红旗手"等奖章

1977年2月，王天其与爱人一起学习

我生于1928年，1948年10月参加中国人民解放军，1950年3月光荣入党，亲历了淮海战役、西南剿匪等多场战役，并荣立三等功。为加快中华人民共和国成立初期的石油工业发展，1952年8月按照毛主席的指示，我们第57师整体转业到石油企业。我和战友们一起来到玉门油田的贝乌2队，也就是后来著名的大庆1202钻井队，自此便开始了充满激情的石油生涯。在我90多年的生涯中，在华北油田工作生活的时间最长，但让我最难忘的还是在大庆会战时超越苏联功勋钻井队的经历。

1960年12月31日，我作为先进代表参加会战指挥部的年度庆功大会。晚上，会议结束后我们在会议室休息聊天时，余秋里部长走过来对我说："王天其，新年到了，我送给你们一副对联就当新礼物了。"我们接过对联，上面写着：保质量重安全永树全国标杆，超功勋创奇迹争夺世界冠军。余部长接着说："格林尼亚钻井队今年用11个月打井31341米，你们能不能超过他们，争当一次世界冠军？"

年进尺3万米在当时是个高不可及的数字，因为我们这个队成立以前的5年总进尺还不到3万米。但既然余部长和上级领导要我们完成这个任务，我们就一定要想方设法完成。为完成这项艰巨的任务，我们首先是树立坚定的信心，但只有信心远远不够，主要是要有方法。这个方法就是要善于学习，善于总结，并把所取得的经验运用到各个施工环节中。当时的1203钻井队也是标杆队，他们一支刮刀钻头就打了600米。这个消息让我们很震惊，也让我们看到了完成年进尺3万米的希望。我们队干部一起到兄弟钻井队学习、取经，然后再结合本队的实际情况，应用大排量、低钻压的钻井参数防止钻头泥包。结果只用3支钻头就打完全井进尺，比1203钻井队还提前了8个小时。另外，我们还合理组织生产、提升钻井效率。当年6月份，在17井往19井搬家过程中，我们给三个班安排了具体工作，唯独让工程三班在宿舍休息睡觉。三班人不解其意，又不能违反规定。等到钻机设备用4个小时安装完毕后，我让三班上去开钻。正是由于有充分的体力储备，他们一个班就打了443米进尺，创了全战区的纪录。大庆10月底就完全进入冬季，气温降至零下二三十摄氏度。11月7日晚又一股寒潮猛烈袭来，钻井所用的水泡子全部冻结，水泵也发生了故障，水罐车无法拉水。无论怎样，钻井都不能停。我组织全体工人用水桶担、脸盆端，保证了转盘的正常运转。1961年11月29日，我们终于完成最后一口井，钻井进尺31700米，用9个半月的时间超过了苏联的功勋钻井队。

在这期间，也就是1961年8月7日，国家主席刘少奇到我队进行视察，听说我们准备超越苏联功勋钻井队后，握着我的手说："好哇，祝你们取得胜利、获得成功。"国家领导人的鼓励与支持给了我们莫大的信心与鼓舞，这也是我们能够如期完成任务的重要因素。

1977年，我随大庆的会战队伍一起来到华北油田。虽然我已不在钻井队工作，到了领导岗位上，但是我们在华北的一切工作形式都是以大庆为样板，以大庆为传统，这也是华北油田能够快速取得突出成绩的关键因素之一。

商建丽 整理

徐光孝 73岁 口述

保一线分秒都不能耽误

1979年2月,徐光孝来华北油田后与家人在天安门广场合影留念

1976年,徐光孝从江汉油田到华北油田后的留影

我叫徐光孝,出生于1946年,河南安阳人。1964年当兵,1970年随部队一起转业到石油行业。从20世纪50年代开始,为促进石油工业的发展,国家从战略高度出发,将部队整编制地转业到油田,最先是到玉门、青海。我们这一年转业到油田的人数最多,有25000多人,所以我们就称自己为"两万五"了。因为是整编制地到油田工作,所以那时的钻井队都沿袭着部队的作风与称谓,将书记称为指导员,钻井队就是按照连级编制所设置的。正是有了部队的教育与锻炼,再与石油人的作风与传统相融合,我们这些人就特别有纪律、能吃苦、能劳动。

我转业最先到的是江汉油田。湖北这个地方不仅地上有良田,而且地下还有油田、气田、盐田。我有幸参与了国内第一口5000米的深井,打了8个半月。那时的技术条件有限,设备也比较落后,最后总算是打成功了。在华北油田被发现后,1976年又随着钻井队一起来华北,参加了华北油田会战。虽然环境变了、地域变了,但不管转战到哪个地方,有了以前的奋战模式,都能够很快地展开工作。但那时的天气与现在有很大不同,雨水很多,特别是1978年、1979年的时候,连续多日的大雨严重影响了钻井队物资材料保障。虽然那时我已不在钻井队工作,但后勤保障也是自己义不容辞的责任。用我们当时的话说,就是"保前线分秒都不能耽误"。

1979年是多雨的年份,仅8月上旬就降水345毫米。冀中会战初期,柏油路少,砂石路也不多,在偏僻的农村,一到雨季,道路泥泞、车辆难行、蚊虫四起,给钻井后勤保障带来许多困难。

在雨季来临时,从指挥部到各后勤单位都成立了生产抗洪领导小组,保一线生产小组。7月24日,我们从泉214井往32631队承钻的泉66井转钻具,泉214井的土路6公里多,因天气多次误车,拖拉机也发挥不了作用。我们就将钻具从车上卸下来,用拖拉机把空车拖出来,再装上钻具艰难地前进,6公里的土路,反复装卸了三四次,连续奋战一天一夜,将57根钻杆送到了32631队井场,保证了钻井生产。8月降雨更多,路上积水达三四十厘米,当时钻井队要从安25井搬迁至安52井,由于车辆无法通行,我们就将井架角铁一根根地抬到安52井,保证井架能够立起。还有一次我参与了为桐33井的送油任务,我们所送的不是豆油、花生油,而是柴油。同样也是因为下雨,油罐车行驶到满是积水的土路时已无法前行。这时距离井场还有3公里,我们单位组织了五六十人,从供应站每人领来一根扁担、两只水桶,硬是将8吨柴油挑进了井场。在满是泥泞的路上,光徒手行走都很艰难,我们还担着几十公斤的柴油,还不能让宝贵的柴油洒出来。这几公里的路几乎拼尽全力才走完。尽管当时是那样的艰难,现在想想,那都是精神上的财富。

在那一年雨季的几个月里,后勤单位为井队人抬肩扛送钻具、套管1.2万余米,还徒步送了大量的生产、生活用品。《华北石油报》连续几期发特刊进行了报道。

郭永江 整理

杨学健 80岁 口述

Yang Xuejian

风雪之中的生死考验

Part 06 —— 华北油田篇

1983年，杨学健在华北油田勘探一公司公安分处

我1957年工作，1959年参军，参加过对越自卫反击战，1982年转业来到华北油田工作。如果说在对越自卫反击战中我经历过第一次生命危险，来油田后的那场暴风雪是我又一次的生命危机。好在这些劫难都已度过，现回想起来都有些后怕。

二连油田属于华北石油的一块飞地，位于内蒙古自治区锡林浩特市数万平方公里范围内。公司自1979年就已进入这个地方进行油气资源的勘探与开发，由于是高纬度地区，又与西伯利亚相连，进入冬季后气温极低，一般都在零下30几摄氏度，野外钻井施工无法适应。所以，我们一般每年3月份才启程进入施工区，11月中下旬就要回撤了。慢慢地大家都习惯了这种周而复始的工作规律。锡林浩特3月份的气温虽然有时也能降到零下20几摄氏度，但一般都是寒潮侵袭，一两天就过去了，气温是一天比一天升高的。所以，我们的工作安排都是根据天气而决定的。

1986年3月14日，公司组织了十几辆车，满载生产生活物资由经理张富祥带队前往锡林浩特。按照当时的惯例，这段路程需要两天时间，当天下午到达张家口，入住在公司设置的接待站，保证第二天行程顺利。3月15日清晨5点多钟，天还黑着，我们就向北进发。由于持续爬坡，车辆行驶缓慢，来到坝上之后，已是天光大亮，而映入眼帘的更加耀眼。天地间银装素裹，白茫茫一片。昨晚张家口也有降雪，只是零星的几片，谁也没有想到，坝上坝下只有几十公里的距离，竟会有这么大的天气变化。由于积雪太厚，道路难行，车辆只能慢慢行驶。我们用了5个多小时才开出140多公里，到达太仆寺旗（宝昌镇）。这段路，前面车辆增多，积雪被轧实，所有的车子等于是在冰面上行驶。尽管速度异常缓慢，车身还是难以控制，摇来摆去。不光是我们紧张，司机也承受着更大的压力。越往前走积雪越厚，我们所乘坐的面包车行驶在这样的路面上越来越艰难，而且前面是一辆冷藏车，车身重、车辙深、轴距宽，面包车很难在它的车辙里随行，还时时托底。司机不时地变换着挡位，加油或刹车，以缓解托底的困难。尽管如此，车辆还是停了下来，我们只好下车铲雪。被前面车辆轧实的雪已变成坚硬的冰，每一锹下去都会飞起许多冰屑，溅到身上、落到领口处的皮肤上。那冰屑虽然凉，由于不断地进行铲冰，身上早已冒起热气，冰屑融化之后与汗水混到了一起。

那时的公路还很狭窄，只是普通的双行道。在这样的天气里，没有哪个司机敢沿着道边行驶。所以，我们车辆的阻挡，让后面的车辆无法超越。路上堵了长长的一排车队。经理张富祥见此情况，要求前面的冷藏车进行护行，与后面的车辆保持距离，不行就拖车前进。草原路上坡、下坡比较多，等到前面的车下坡之后，我们的车还没有爬上坡上。这时天色已黑，尽管车灯闪烁，还是与冷藏车失去了联络。

此时，寒风又起，雪也随着风势越来越大，灯光前都是道道雪线，不仅摔打在地上，也将车厢打得"啪啪"直响。尽管如此，我们还要下来推车、铲雪。这条路上除了若隐若现的灯光，就是暗白的雪影，视线全是模糊的，只有凭着感觉用锹在雪地上敲击，再让司机启动车辆，试一试是否能够移动，如果阻碍不是太大，我们就一起推车前行。晚上9点多的时候，距离锡林浩特驻地还有30多公里，除了晨起匆匆吃了一点早餐，途中没有任何食物可吃。寒冷、劳累、饥饿交织在一起，所有的人都瘫倒在车上，实在走不动了。车内很冷，只能靠发动机散发一点热量，司机又不敢一直点着火，生怕燃油耗尽，那就更没有办法了。大家甚至有些绝望，生怕葬身于这风雪交加的夜晚。

凌晨4点多钟，我们发现前面公路上有灯光，希望重新燃起。原来锡林浩特驻地负责人见我们迟迟没有到达，便请示地方政府予以支持。政府派出铲雪车，一面推雪一面寻找我们的踪迹，直到早上6点多钟，我们才来到那个早该到达的驻地。

1961年，杨学健与战友在洛阳工程兵学校合影

郭永江　整理

老会战

Part 07

陕甘宁油田篇

1970—1975

1970年,中国人民解放军兰州军区抽调630多名军队干部,陕甘宁三省区抽调500多名地方干部,2万名解放军战士转业到油田,中华人民共和国化学工业部从石油系统抽调6000多名石油人支援会战。一时间,5.24万名石油大军从四面八方奔向甘肃庆阳。他们日夜兼程,风餐露宿,脚磨破了、腿跑肿了、肩膀压烂了,但爬也要爬着去,成就了"跑步上陇东"的永恒经典。

1971年5月,继庆一井后,马岭地区又有5口油井相继出油,成为马岭油田开发的"先驱",为长庆油田的发展奠定了基础;1974年7月,钻井、井下、采油、油建、筑路"五路会战"吹响号角,成为开发陇东油田的一个重要里程碑;1975年,马岭油田、红井子油田、长输管道"三大战役"全面展开,长庆人以拼命之勇、顽强之力,克服重重困难,完成了马岭油田30万吨产能建设任务。

老会战

我是28人的先遣队员

倪宗僖 83岁 口述

— 陕甘宁油田篇 Part 07 —

1971年12月，研究所与地质营合并成立的长庆地质所部分领导合影留念

1954—1971年，初中、大学和工作期间的留影

我是浙江省嘉兴市嘉善县人，1957年北京地质学校石油地质专业毕业后，自愿申请去玉门油田。我选择玉门，是因为她是最老的油田，我想去学习技术。

1958年6月，到玉门油田报到后，一眨眼11年就过去了。记得1969年11月的一天，玉门石油管理局宣布组建陇东石油勘探筹备组。我作为地调大队综合研究队的队长，跟5名搞地质工作的同志一同加入了由28人组成的陇东石油勘探筹备组先遣队。

我们一行乘着3辆小车、带着3辆大卡车的物资，从玉门出发，于1969年11月30日赶到了庆阳县城，住进了庆阳县党校的一个教室里。我们是玉门油田第一批到达陇东和庆阳的人。

先遣队的成员，都是从玉门油田的各路抽调出来的老干部、老领导和技术人员，下设了政工、生产、地质和后勤生活4个组，主要任务是打前站、搞配套、提前安排部署好会战的各路准备工作。

之后，在一个小招待所，那里举行了陇东石油勘探筹备组的挂牌仪式。记得当时筹备组的组长是老干部陈秋来同志，副组长是玉门石油管理局的副局长余群立同志，还有温满仓、祁林桐、李清芳等领导同志。

我们6个地质人员的任务是收集研究陇东地区的地质勘探资料。由于当时的工作条件差，没有任何资料，于是我们就跑到地质部第三普查大队的资料堆里，天天泡在里面搞研究。

1970年初，玉门石油管理局成立陇东地区石油勘探指挥部，我们地调大队整体搬迁到了庆阳。一下子涌入了几千人，庆阳县城工作区没地方住了，大家就分散借住在老百姓家里。

当时国际形势严峻，我们一边工作，一边在庆阳城里轮流挖地道备战。3月21日，轮到我们大队挖地道时，地道突然坍塌，10名队员中有5名被埋了，其中4人是我们综合研究队的队员。大家紧急抢险，寻找被埋的同志们。

当时全庆阳县的人都动员了，从上午10点开始抢挖地道找人，一直到下午5点多，7个多小时后才找到第一个人，人已经没了呼吸，但身体还软着呢！

那次事故，我们大队损失惨重，现在想起来都让人非常痛惜。最近我写了个材料，转交给了有关部门，希望能给那些牺牲的同志们更好的交代。

不久，勘探指挥部成立地质研究所，组织安排我担任所长，兼任陇东勘探组的组长，当时还成立了渭北勘探组。

1970年10月12日，国务院、中央军委下发(70)81号文件，成立中国人民解放军兰州军区长庆油田会战指挥部。玉门石油管理局开始大规模上人、上队伍、上设备，刚开始计划是5000人，后来增加到了2万多人。轰轰烈烈的陕甘宁石油会战就此拉开了序幕。

殷林峰 整理

老会战

油田会战——挥之不去的记忆

周礼成 89岁 口述

陕甘宁油田篇

2019年7月，周礼成展示获得的荣誉勋章

我是陕南山阳人，1930年出生，1948年8月在山阳参加游击队；1956年转业，直接分到玉门油田管理局；1970年随玉门石油管理局陇东石油勘探指挥部3208钻井队，调到长庆油田参加会战。当时一声令下，5万多名石油大军从祖国的四面八方向庆阳集结。山大沟深，不通铁路，又缺汽车，会战将士拳头一挥："跑步上庆阳！"从玉门赶来的，一下车，不问吃、不问住，先问井位在哪里。

到长庆油田，承钻的第一口井就是庆一井。1970年9月26日，部署在甘肃庆阳的庆一井在侏罗系延安组钻获日产36.2立方米的高产工业油流，揭开了盆地找油的新篇章。当时钻井使用的钻头质量不好，有时候打一口井需要上百支钻头，掉钻头是常有的事。我凭着爱钻研和丰富的生产经验，准确判断钻头的使用情况，钻井工作5年时间，未发生过一起掉钻头事件。1975年我调到长庆矿机所专项实验研究钻头。

庆一井是马岭地区的第一口具有工业价值的油井，因此被誉为马岭油田的发现井、功勋井。随着庆一井的发现，时隔一年后，岭9井再传捷报，喷出20多米的高产油流，试采日产原油258立方米，创陕甘宁盆地自喷油井单井产量最高纪录。至此，长庆油田会战指挥部果断发出"五路会战"的指令，两年时间马岭油田面积扩大了一倍，原油产量翻了一番；陇东油田具备了年产80万吨原油的生产能力，成为长庆会战之初拿下的第一个大油田，并形成了享誉中国石油的"马岭模式"，为长庆大规模开发提供了宝贵经验。

郭红英 整理

有幸参加了三场石油会战

魏祥邦 84岁 口述

1966年5月，魏祥邦作为全国劳动模范在北京受到嘉奖

我出生在甘肃兰州皋兰县农家，千辛万苦读完小学后，就帮家里干活、务农。但一直没有放弃读书学习。1953年6月，18岁的我在兰州打工时，偶然获知兰州培黎石油学校招生，在同乡的鼓励下，我就壮着胆去报名参加了考试，没想到竟然被录取到钻井专业班了。因为那时国家有资助，学费极少，我非常珍惜这来之不易的学习机会，努力学习。1955年6月，我以优异的成绩顺利毕业，被分配到了玉门油田的802钻井队当学徒。

当时，王进喜在玉门油田已经很有名气了，是大家学习的榜样。我们这些学徒，有幸和他住在一个大院里，时不时还能看到他，满眼都是敬佩和羡慕，心里想我啥时候也能像他一样技术高超，也当个队长。心里装着王进喜，身边又有师傅们传帮带，本来是两年的学徒期，我进步快，师傅和队长很满意，学徒期满一年，就让我直接顶岗了。

王进喜当了贝乌5队队长，带领全队创出了全国钻井最高月进尺的新纪录，被余秋里部长、康世恩副部长授予了"钻井卫星"红旗，被称为"钻井闯将"，贝乌5队还被命名为"钢铁钻井队"，全玉门油田掀起了学习王进喜、贝乌5队精神的又一个劳动竞赛高潮，提出了月上千、年上万、优质快速钻井的口号和目标。我们802钻井队也步入先进队列，我陆续被提拔为副司钻、司钻、副队长。1960年组织让我担任了802钻井队队长。

1966年10月1日，我随甘肃省代表团，以玉门石油管理局劳模代表、802钻井队队长的身份，在北京天安门城楼上，与毛主席一起参加了国庆观礼。这是我一生中最难忘、最荣耀的时刻，我看见了毛主席；虽然是远远地看，但却是亲眼看见的，这可是当时全国人民求之不得的梦想，我激动得眼泪都流下来了，身边的一位代表更是泣不成声了。

参加国庆观礼后，我还和中央领导们照了相。这张照片我做成了相框，几十年来随我到玉门、走庆阳、奔银川、上陕北、闯新疆，参加了玉门、长庆、新疆3个油田的会战，至今都保存完好。

到宁夏盐池、灵武参加完李庄子、马家滩油田会战后，1971年，组织任命我担任了会战指挥部一分部的副指挥，带了一支钻井和试气队伍，从甘肃宁县一路下到陕西关中的长武、耀县，又上到陕北的富县、延安、吴旗等，四处转战，想在关中和陕北找到大油田。一直到1975年，虽然发现了吴旗、东红庄油田，却都是小油田，没找到连片高产的大油田。后来随着地质研究和认识的加深，长庆油田逐渐从侏罗系转向三叠系找油，从中生界找油转向古生界同时找气，随后就有了塞1井和陕参1井的钻探成功，就有了安塞油田和靖边气田的发现，长庆油田才有了成为我们国家最大油气田的可能。1986年，我又奉组织之命，带队伍远赴新疆，参加塔里木油田会战，真的是战风沙、斗酷暑、征战"死亡之海"，先后参与了十几个油气田的开发建设，一晃十年过去了。

作为一名石油工人，能参加三大油田的会战，真是一生的荣幸。

殷林峰 整理

老会战

我的这个心愿了了

徐德苓 34岁 口述 —— 陕甘宁油田篇

1976年10月，徐德苓在富县长指一分部机关大楼前留影

1977年11月，徐德苓在马岭二部广场召开的大会上发言

我是辽宁本溪人，满族。1952年考上了本溪工业学校，1955年毕业后分配到鞍山的一个工厂，当年8月就光荣地加入了中国共产党。随后，我和300多人奉调支援建设新疆。

记得出发时，热火朝天，群情踊跃。进了山海关后，大家就沉默了，再向西行，有人开始发牢骚。到兰州后，换乘闷罐车，在车上闷了5天，不少人竟然哭了5天。9天的火车坐完就坐汽车，经过20多天的艰难跋涉，我们终于到达独山子。大家抱怨过、痛哭过、害怕过，但就是没人退缩。

我被分配到独山子运输处负责共青团工作，不久后就担任了团总支书记。1956年被调任克拉玛依矿务局运输处一大队，担任团委书记。1957年秋，到矿务局钻井处32180钻井队担任指导员，之后又任钻井处的团委书记。1963年，29岁的我被组织提拔为采油一厂的党委副书记。

1970年9月，新疆石油管理局组建渭北勘探大队，我被任命为副政委，带着11个钻井队、3个修井队、3个试油队及全套的设备和近4000名职工，从新疆搬到了陕西彬县，在大佛寺边的沟里打了一口井，虽然没有打出油，却找到了厚度有200米的煤层，煤质很好。我们就把这些地质勘探资料都转交给了陕西省煤矿局，这为后来确定长武、永寿及彬县的大型煤矿，打下了好基础。

之后，兰州军区长庆油田会战指挥部成立，我们转为钻井一团，给我们分配了2000名转业军人，又招收了2000名工人，队伍一下子就壮大到了8000多人。随后，我们转战富县、吴起、定边、甘泉、延安、安塞等地钻井找油，虽然有油层，但产量极低。

那时，我们钻井一团只有几辆5吨的吊车，根本就不够用，几乎所有的钻井生产设备物资都要人拉肩扛。把得住甘泉县党校边打一口井时，机关干部在卡车上装套管。我一个人抬一头，机关另外两个干部抬一头，装车时他们有一个人力气不够，套管就从肩上滑到了地上弹了起来，我抬的一头套管也一弹，直接把我的脊柱给弹裂了。

当时摔倒在地的我身子都动不了了，在医院住了半年多才好。但留了个后遗症。你看，到现在，我看你们时脖子都不能转，只能转动半个身子看你们。

那个年代，就是一个人拉肩扛的时代。当时的领导干部都是要带头参加劳动的，那是一种习惯。大家的想法也都很简单，干工作不能怕困难，也不能讲条件。后来我当了一分部的指挥，也依然和大家一样，每周至少有三次参加各种劳动，人拉肩扛保钻井、保生产。

记得1975年底，为了保一个"中钻"钻井队年进尺上万米，我骑着摩托车去上井，返回时天已黑了，不小心撞到一块大石头摔倒了，车把被撞弯了，我也受了点小伤，只好挂着一挡慢慢往回走，回到基地就直接睡觉了。

当时我住的窑洞是新挖的，墙壁还很潮湿，我这一觉睡得全身得了关节炎，胳膊和腿都抬不起来，走不了路，被抬到医院，治疗了几个月都没多少疗效，差点瘫痪。

后来一个司机偶然捡到了一个治疗关节炎的传单，说是秘传偏方很有效。病急乱投医嘛！抱着试试看的心态，我辗转找到了河南南阳的一个民间老中医，给抓了9副中药。当时是大夏天，按医嘱我穿着羊皮袄躺在床上每天喝药，硬是通过出汗把寒气慢慢逼了出来，真是遭罪啊！好在吃了那些中药，关节炎竟然给治好了。

我这一辈子，跑遍了新疆、青海、宁夏、陕西、甘肃5个省区，到处打井找油找气，很遗憾的是没有找到大油田、大气田。到1981年被逼无奈，还带着几千人的队伍再返新疆"讨饭吃"，一讨就是10年啊！现在好了，长庆油田已经发展为中国最大的油气田，总算是了了我这个老石油的一个心愿啊！

殷林峰 整理

The Petroleum Veterans

杨俊杰 86岁 口述

我碰上了好时代是个幸运者

Yang Junjie

我碰上了好时代，是个幸运者。如果没有新中国，没有党和政府的好政策，我就没有机会上大学；如果没有遇到那些好领导、好专家，我也不会取得那些成果。

我1933年生于陕西汉中城固县的一个贫苦农家，1952年考上了西北大学新成立的地质系。因为国家急需石油地质专业技术人才，就安排我们用两年时间，学完了苏联老大哥四年制的全套石油地质专业的教程。我们是中华人民共和国成立后培养的第一批石油地质勘探专业的大学生。

我上大学的所有费用都是国家负担的，管吃管住，还配发学习用具，发放生活补助费。所以1954年6月大学毕业时，我自愿申请到祖国最基层、最艰苦、最需要的地方去。我不光很幸运地上了大学，毕业后又很幸运遇到了一批很牛的专家和领导，有幸得到了他们的教导，让我受益终身。

毕业后组织先分配我去了西北石油管理总局陕北勘探大队的101小队实习。当时的队长就是毕业于南京矿专，后来成为中国著名地质科学家的张文昭先生。我们队在鄂尔多斯盆地搞地质普查，全队每天走路加上工作要行进60多公里。张文昭先生见我个子小、身体差，就非常照顾我，经常给我开小灶指导我工作和学习。

1955年初，组织又将我二次分配到了延长油矿矿产部地质室实习。我报到后，时任延长油矿主任地质师兼地质室主任、后来的中国科学院院士、石油地质学家李德生先生，已经调到北京石油管理总局。我对他非常崇拜，反复学习研究他撰写的延长油矿1953年地质年报，受益匪浅。李德生先生对我影响很大，尤其是他对原始资料的高度重视和严谨细致的工作习惯及作风，让我深受启发和敬佩。

当时的延长矿虽小，但学术氛围很浓，学术研究非常活跃。地质室除了李德生先生外，还有曹润伍、包茨、刘启发、王学飞等。比如王尚文，首次提出了鼻状构造与油层发育相关的研究成果，被大家称为"王鼻子"；黄先驯，第一个提出了油田为裂缝型油藏、高产井是裂缝出油等论断，被称为"黄裂缝"；到美国学习深造回来的刘树人，认为驱动能力是水柱子，就被称为"刘水渠"。这些人后来都成为石油地质专家。

我实习完后，就当了搞综合地质研究和采油技术的技术员。后来因为表现好，工资改革时就从五级技术员连跳3级升到了二级技术员。

1958年初，组织安排我去了银川石油勘探局内蒙古勘探大队，因为现场跑得多，就系统地接触学习了地震、测井、钻井等专业。1960年，我被提升为地质工程师，就有机会参加更多、更深入的地质勘探和研究工作了。

1965年，我有幸参与筹备了银川石油勘探技术座谈会。这次会议不光有赵启明、张传干等领导和专家，以及内蒙古和吴忠大队的负责人参加，还邀请了西北大学地质系、地质部三普大队和延长油矿的地质专家参会。

这次会议的一个重大成果，就是决定把勘探工作重点集中到宁夏灵武县境的马家滩、李庄子区块，我也被指定为马家滩、李庄子勘探领导小组的成员。后来，就发现了马家滩和李庄子两个油田。

1966年1月，银川石油勘探局更名为玉门石油管理局银川石油会战指挥部，我被任命为指挥部地质所副所长，全面参与了马家滩、李庄子两个油田的勘探开发工作。

1969年，我代表银川石油会战指挥部地质人员，到玉门石油管理局和朱义吾、宋四山等同志共同编制了《陕甘宁盆地1970年和"四五"期间石油会战勘探方案》。这个方案确定了在宁夏的灵武盐池地区、陕北的志丹—富县、甘肃的环县—庆阳地区，采用区域大剖面进行全区域勘探，也由此发现了华池油田、马岭油田及元城油田、吴起油田、红井子油田等。

1970年7月，组织安排我由银川石油会战指挥部正式调到陇东石油筹备处任地质组的副组长，由此开始参与了长庆石油会战。

殷林峰 整理

The Petroleum Veterans

金忠臣 75岁 口述

今生，我无悔无怨

Jin Zhongchen

老會戰 Part 07 —— 陕甘宁油田篇

1968年9月，24岁的我在北京石油学院毕业分配表上签名，坚决响应毛主席和党中央的号召，自愿申请到边疆、到基层、到祖国最需要的新疆油田和玉门油田去。

我家在华北大平原上的河北河间，距离北京不到200公里，盛产粮、棉、瓜果。对，就是出美食——河间驴肉火烧的故乡。习惯了一马平川的大平原，能适应风沙弥漫的艰苦塞外环境吗？几个同学、好友和老师劝我慎重考虑。但我想，学了5年的油田开发，不去有石油的地方去哪里呢？

就这样，组织分配我到了玉门石油管理局。报到后，经过一周短暂的培训学习，我到了玉门石油管理局下属的银川勘探指挥部宁夏灵武具境内的李庄子油田试油一队。

当年的大学生，都要接受工人阶级再教育，我也不例外，参加工作就当修井工。刚开始勘探开发的李庄子油田，生产、生活条件都很艰苦，大家住地窑子，一场风沙下来，门就推不开了。干活的好多地方是虚塘土、晴天土、雨天泥，尤其是搬家，卡车、吊车少，时间紧、任务重，很多设备搬迁都是人拉肩扛，油管是两个人抬着就走，忙完一天，一个个都成了泥猴子，只有两只眼睛闪闪发亮。

当时我年轻，有的是力气，最苦、最累、最脏的活我都抢着干，一有空就跟着师傅们请教学习，因此学到了很多东西。不久后，我就被任命为班长，两年后当了技术员。

李庄子油田是个小油田，却是我们长庆油田最早正式开发的油田，钻井、地面、注水等都是按照正规的油田开发方案来实施的。在储层改造上，第一次采用压裂技术改造低渗透油层，获得了工业油流；在地面建设上，沿用了玉门油田的三管伴热流程，采用"井口—计量间（选油站）—总站"二级布站方式。

李庄子油田两年时间建成，1971年投产，年产能3万吨。之后的马家滩、大水坑、牛毛井、红井子、摆宴井等很多区块和油田的开发建设，都借鉴吸取了她的经验，对长庆油田后期的开发做了很大贡献，虽然不到奠基的作用，起码起到了引领的作用。

1974年4月份，组织调我到24团采油一大队当副大队长、大队长。1979年到采油三处生产科，担任副科长、科长。1984年，组织调我到长庆石油勘探局油田开发处，任主任工程师。之后我参加了中国第一个低渗透油田——安塞油田前期的先导性实验，以及丛式井钻井、压裂等工艺技术攻关。1988年陕参1井钻探成功，发现了靖边大气田，我又全身心投入长庆气田的开发建设。2000年苏6井钻探成功，我开始转战苏里格大气田的开发建设，一直干到2003年退休。

退休后，组织返聘我参加了中国石油对外国际合作项目——长北项目和苏南项目的合作开发建设，我接着又干了12年，到2015年底，算是正式休息了。

掐指算来，我在长庆油田整整工作了47年。长庆，已深入我的骨髓；石油，已融入我的血脉；今生，我无悔无怨。

殷林峰 整理

The Petroleum Veterans

老會戰

Part 07 — 陕甘宁油田篇

孙述圣 84岁 口述
我和油田农副业的不解之缘

Sun Shusheng

1971年3月，拍摄于庆阳马岭董家滩采油二厂（当时的15团）

我是陕西阎良人，1935年出生，1954年招工到玉门技校，学习采油专业，1956年毕业后分配到玉门油田。1970年长庆会战需要10支修井架子车队，当时一声令下，人们个个热血沸腾，山大沟深，不通铁路，又缺汽车，会战将士拳头一挥："跑步上庆阳！"平均每天徒步翻山越岭30多公里。"坡再陡，轮子转，过了一山又一山"，"苦不苦，想想长征二万五；累不累，比比英雄董存瑞……"这些是在奔赴陇东的途中战士相互鼓劲加油的顺口溜。从玉门油田来到长庆油田，我担任长庆第一个修井队指导员。

长庆油田会战全面展开后，生产方面首先面临的是道路问题。当时没有路，修井油管运送到山脚下，车就上不去，全都是用手推的架子车和人抬肩扛，6米至7米长的油管，几个人推着抬着上山。最困难的是夜间送油管，一不小心就会滑下山沟里，中途还不能休息，手上、肩膀上磨出厚厚的老茧。

修井工最怕的是冬天。出发前带上干粮，有时候一口井要修十天半个月，吃住都在井场上，累了就裹着湿乎乎的油工服躺在土沟旁边休息，经常都是被冻醒，然后原地跺跺脚、搓搓手、热热身子，继续干。在那样艰苦的条件下，没有一个人怕苦喊累，大家秉承大庆精神和解放军的优良作风，每项工作都是提前保质保量完成。

会战时期，除极少工人居住在自己搭设的牛毛毡帐篷里，其余绝大部分住在公社区域内的百姓家中。井下作业技术没有地方培训，就在村民家的核桃树下。

1970年12月，长庆还成立了第一支女子修井队，全面参与了陇东30万吨产能建设会战。其间，女子修井队发扬铁人精神，创造了一个又一个纪录，被称作长庆"铁姑娘修井队"。1974年7月至1976年6月，钻井、井下、采油、油建、筑路五路人马开展的"五路会战"告捷，原油产量翻番。

郭红英　整理

1984年5月，河北疗养时留念

The Petroleum Veterans

老會戰

Part 07 — 陕甘宁油田篇

会战——撸起袖子往死里干

刘景生 70岁 口述

Liu Jingsheng

我是陕西泾阳人，1949年出生，1974年从部队转业到长庆油田运输处架子车队。1977年，2万余名石油工人组成32个钻井队、27个试油压裂队、15个油建工程队，以及运输、机修、水电等单位，在红井子搭起了一座座半地下、半地上的"干打垒"，也叫"地窝子"的职工宿舍，拉开了红井子会战的序幕。

当时运输处第13中队，是为了红井子石油会战特编的车队：一个运输超长钻具的车队；另一个长庆油田运输战线的英雄车队。为了保护车厢和驾驶室的安全，每辆汽车都安装了高于车厢的大木架子，人们习惯称呼这种汽车为"架子车"。这种架子车是拉钻杆、钻铤、套管和其他超长钻具转运的运输车辆。

从青铜峡火车站出发，路上要经过吴忠这座地级城市，人多车多、情况复杂，随后穿过9公里、18公里回民区，到达马家滩炼油厂后，要强行通过近百公里的风沙区，才能到达红井子。这段公路路面复杂，坑大坡大，经常由于大量的流沙封锁路面，只好用随车携带的铁锹，一锹一锹地清除沙子。就这样走走停停，耽误了不少的行车时间，消耗了我们大量的体力。经过这段风沙区后，头发、嘴里、驾驶室里，到处都是沙子。在清除路面的时候，呼啸的风沙像刀子一样直刺我们的脸，让人疼痛难忍。一股股强大的气流让呼吸受阻，憋得难受，互相之间只能用眼神和手势来沟通。赶到施工现场，吊车快速卸完钻具后，立马又要赶往火车站。这200多公里的公路，就这样马不停蹄地往返着。没有白天黑夜的概念、没有回到宿舍休息的概念、没有上下班的概念，吃住全部根据时间和任务来决定。在路边的简易旅社就寝，领导要求人车不分家，车辆随坏随修，车辆故障决不允许过夜，一切确保会战物资及时到位。

会战取得阶段性胜利后，又拉开了拉运原油会战。我的工作调整为开油罐车，主要负责采油二厂的野狐沟、元城、曲子、华池、城壕等地。任务重，时间紧，原油越来越多，车辆拉不及就要关井，影响任务。争时间，抢速度，车辆随坏随修，24小时换人不换车，真的是白天黑夜连轴转，撸起袖子往死里干。

当时只有一个信念，我是党员，铁锤和镰刀已经深深印在我的脑海，融入我的血脉，根植于我的灵魂。我要把有限的生命投入到无限的为人民服务当中去，投入到长庆大发展的伟大事业中去；有一滴血就要流出来，有一滴汗就要冒出来，有一口气，就要干出个样子来，不忘初心，牢记使命，为党做事，奋斗终生，做一名合格的好党员。

殷林峰 整理

这一生心里只有石油

赵汉林 74岁 口述

我是陕西富平人，1942年出生，1970年从玉门油田来到长庆当钻井工，带着两个车拉着行李去前线报到，参加吴旗会战。当时条件艰苦，在"三个帐篷一口锅"的峥嵘岁月和艰苦条件下，以"没有条件创造条件也要上"的大无畏精神，展开了石油会战。会战期间，工人靠挖地窝子、搭简易帐篷，风餐露宿，生产在哪里家就安在哪里，被称作"钢铁流动的部落"。石油总是在条件最艰苦的环境里被开采出来的。有一次帐篷就扎在乱葬岗旁边；当时帐篷有限，一个帐篷里6张单人铁床，冬天特别冷，就在帐篷中间生一个火炉子取暖，后半夜经常被冻醒。

当年钻井没有路，全靠人工用铁锹、扁担、大筐，人拉肩扛，只有修好路，才能上钻井设备，基本都是先保证车子能开进现场，设备能搬过去，然后才慢慢修。开钻后就不能停，工人三班倒，基本一个月一口井完井试油后才能回家。吃饭的食堂，用柳条一搭，帆布一围，就是一个简易的厨房。1974年，我到和尚塬担任井队指导员，除了负责全队员工的思想政治工作外，为了解决吃饭问题，积极响应党中央号召，自己动手丰衣足食，开垦农场，建立生活基地。

1970—1980年，在野外钻井住了10年帐篷，1980年长庆采油二厂产能建设配套需要人，我来到采油二厂修井队。当时一口日产30多吨的油井断脱不出油，领导要求24小时之内必须恢复生产。我们一队人齐心协力，连续作战，只用了20个小时就完成了任务。1991年到采油二厂调度室，当时华池、元城、南梁、樊家川等区块相继投入开发，原油产量大幅攀升，也正值采油二厂上"100万吨"的时候，为了组织生产，经常是几天几夜都不睡觉。1993年采油二厂原油产量突破100万吨，成为长庆油田第一个百万吨级采油厂。

从1970年长庆油田的成立到发展为内陆第一大油气田，凝聚着几代长庆人的孜孜求索、攻坚啃硬、拼搏进取的心血和汗水。他们的身上折射出的是千千万万个英勇的长庆职工战天斗地、为祖国献石油的精神风貌，是长庆精神的集中写照和高度浓缩。

殷林峰 整理

地质工作不只是待在屋里

何自新 75岁 口述

He Zixin

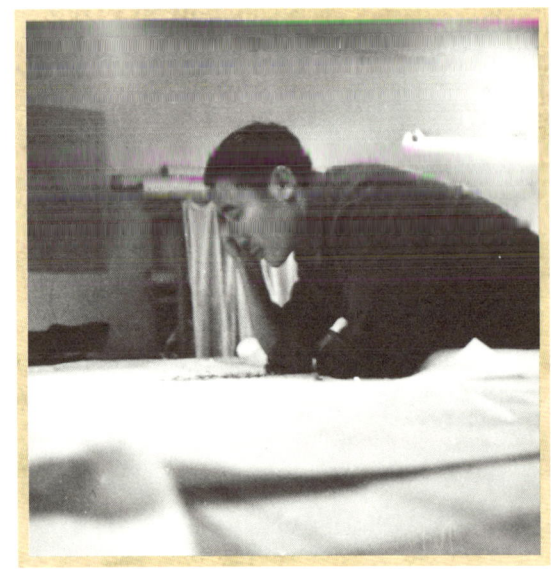

1983年，何自新在研究滚动勘探开发时拍摄

大学毕业证

我是北京人，1969年北京地质学院毕业，来到玉门油田石油管理局陇东会战指挥部，是长庆油田成立、会战期间接受的第一批大学生。当时毕业唯一的要求就是哪里最艰苦就到哪里去。

当年报到后，分配到长庆油田在长庆桥刚成立的地质研究所。因为研究所是初建，没有任何房屋设施，都是自己动手干打垒、箍窑洞，整整劳动了半年，把基地建起来后就到现场勘探开发。

1970年1月，玉门石油管理局向甘肃省革命委员会、石油工业部军管会上报《玉门石油管理局领导中心东移几个问题的指示报告》。2月，玉门石油管理局在庆阳县召开党委和革命委员会扩大会议，决定加强对陇东石油勘探的领导，提出"跑步上陇东"的口号。从2月起，局领导重心转移到陇东。4月，部署在陇东的第一批探井庆2井、庆3井、庆7井正式开钻，拉开了陇东石油会战的序幕。

当时条件非常艰苦，车很少，大多数要走路，有几次遇到大暴雨在野外没饭吃，就把发大水冲到河里的玉米捞起来当饭吃。后来勘探完开始打井，井上没有地方住，就住在老百姓废弃的窑洞里，没有门窗，在里面支起行军床，每次一住就是好几个月。

1972年在马岭油田搞地质勘探的总共就三四个人，而且每口井都必须上井，没有车的时候，就骑自行车，几十公里的路有时候骑四五个小时才能到井场。有机会坐车的话，都是大卡车，坐在上面就吃黄土，每次下车后都认不出来人了。后来因为要求大学生毕业要专业对口，我又回到研究院。当年有三次机会回北京，但都因为工作需要没有回去。

1983年，位于陕北安塞的塞1井喜获日产64.45吨高产油流，储量超亿吨级规模的安塞油田被发现，三叠系找到了大油田，长庆迎来了第二次储量增长的高峰。安塞油田成为鄂尔多斯盆地第一个探明的以三叠系油藏为主、储量上亿吨级规模的大油田，从而打开了勘探局三叠系延长组找油的新局面。

殷林峰 整理

老會戰

Part 07

陕甘宁油田篇

为了让原油顺畅流淌

夏银田 77岁 口述

Xia Yintian

1978年5月，原长庆规划设计研究院领导合影

1977年6月，时任科研室主任的夏银田在原油常温密闭输送试验现场

我是陕西长安人，1942年出生，1970年从玉门油田油建所来到长庆油田，参加初期的油田建设工作。当时十六团二连（后称油建二中队）的129名职工，从玉门坐着火车赶到了咸阳，没有汽车接送。他们二话不说，拉着22辆装满工具、行李的架子车，从咸阳出发。这是连接两省七县，汽车也要颠簸八九个小时的300多公里的砂石土路，他们日夜兼程，风餐露宿，脚磨破了，腿跑肿了，肩膀压烂了，鼓劲的宣传队喊哑了嗓子，爬也要爬着去！10天后，男女老少一个不少地赶到目的地，成为会战路上最感人的一幕。

长庆油田建设初期没有地面设计，都是边学习其他油田，边建立长庆的技术流程。油井加热流程基本上都是采用其他油田的做法，井口油出来以后进加热炉，然后进罐再分离。后来随着产油量增多，大面积建设，为了节约成本，成立了常温密闭输送实验小组，开始研究技术流程实验。

当时条件非常艰苦，实验小组住在临时搭建的帐篷里，冬天太冷，就在帐篷里盘一个烟道，连接一个油桶，靠烧油取暖，睡一晚上起来鼻孔都是黑的。但是大家都一门心思要把工作搞好，其他事都顾不上。马岭油田最初设计是采用双管掺热油流程，对原油进行热输。后来受玉门白杨河油田常温集输流程启发，1974年10月在马岭油田中区选择了10口油井进行实验。有产量高的、低的，管线长的、短的，含水高的和低的，经过一个冬季考验，次年3月这些井都能正常生产。井口油温一般在15~20℃，进站油温大都在4~5℃，进口回压一般不超过1兆帕。因此，决定在油田建设中推广这种常温输油流程。

采用常温集输流程后，又相继出现了井口结蜡严重回压升高的问题。实验小组通过多次实验后，在地面管道内采用定期投球清蜡工艺，消除管线结蜡和化学降黏试验，彻底解决了油井井口回压高的难题。后期长庆油田建设都采用了这个流程。1978年我荣获石油工业部学铁人标兵的荣誉。随着生产难题的突破，油井生产计量也是难题，计量不准就无法判断油田的开发水平。为了解决这一难题，实验小组又通过实验完善研究出双容积计量分离器。随后，相继研发解决了出井口加药降黏、井下清蜡问题及大罐溢流沉淀脱水装置、轻烃回收装置等。1978年底，常温密闭冷输与双容积计量分离器工艺技术在马岭油田试验，取得初步成功，并在全油田大面积推广应用。

郭红英 整理

老會戰

党让我找到哪 我就到哪

杨春和 85岁 口述

陕甘宁石油田

Yang Chunhe

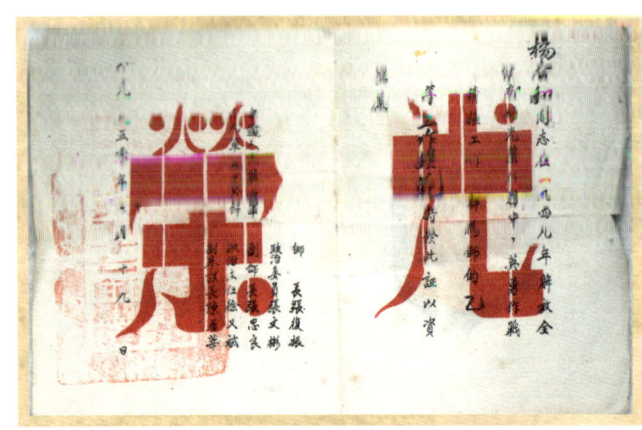

1950年2月19日，杨春和当兵时的荣誉证书

1952年，当兵时的杨春和

我1929年出生在山西运城的一个农家，父母千辛万苦供我念完了小学，就再也没有能力供我念书了。1946年陈赓的太岳军分区24旅到了我们村，17岁的我参军成为了解放军战士。1947年3月，胡宗南包围延安，我们保卫延安、保卫毛主席，攻打运城、晋南一带，解放了山西的一大片土地。

1950年初，组织安排我担任连里的文化干事，后来又派我到西北军区初级中学进修学习，用三年时间学完了小学到初中的全部课程。1953年毕业后，随19军57师转业成为石油工程第一师，我作为其中一员到了玉门石油管理局。我到玉门局人事处报到时，要求去当工人。我知道，到企业里要干好工作，没有技术不行。人事处长对我说，你是干部，怎么能当工人呢？就留在人事处干吧。

但我还是坚决要求去当工人。人事处长批评我，说我不听党的话，不服从组织工作安排，立即停职，到招待所住着好好反思去。我住了一个多礼拜，实在没意思，觉得自己确实错了，最后就对领导说，组织分配我干啥我就干啥。

1967年，组织安排我到宁夏运输队的工人宣传队当支部书记。半年后我们撤回来，又安排我到连队当支部书记。

大庆会战时，我写了请战书，要求参加会战，组织没批准。陕甘宁石油会战，我再次申请参加会战，没想到组织竟然批准了。

1970年5月6日是大年三十，一大早，我和队长带了30台各型号的大卡车、40名司机、12个修理工及一些家属，共80人，在人群夹道欢送中启程奔赴陇东，参加陕甘宁石油会战。

当晚我们赶到张掖时，大街上空荡荡的没一个人，80个人没有吃住的地方。我找到商业局的局长，说我们去参加石油会战。局长一听，就去找招待所和食堂的人，给我们安排了住的地方，做了一顿面条，除夕夜就过了。

大年初一一大早我们启程，当晚赶到武威。第三天，也就是大年初二赶到了兰州。在兰州，我们休整了一天，把车辆全部检修了一遍。

第五天是大年初四，我们一大早出发翻越定西的华家岭，一路上沟壑纵横、荒无人烟。跑惯了玉门一马平川的戈壁沙滩，在大山里绕来绕去，司机的脑子都给转晕了。好在一路平安，当晚赶到静宁食宿。

第六天，我们绷紧神经翻越六盘山。山路曲折险狭，加上呼呼的大风雪，车速很慢。遇到危险的路段，大家拿着洋镐、铁锨挖土垫路，一路艰辛但还算顺利，当晚平安入住平凉。

第七天，我们赶到宁县长庆桥后，司机们车一停，行李一扔，不问吃住，就拿着早早写好的请战书，到调度室请求立即出车参战。调度室的同志们被我们的热情感动了，即刻安排司机们开车上路，赶往咸阳去拉运物资。

后来，组织安排我去新成立的运输处三连当指导员。干了没多久，领导觉得我表现不错，查档案发现我是个老科长，就又安排我去组织科当科长。再后来，又安排我去局里老干部处，请老干部们给年轻知识分子让贤。这些老干部、老同志们觉悟很高，非常支持我的工作，退出了岗位。不久，我也退休了。

殷林峰 整理

老會戰

Part
08

——辽河油田篇

1970年，3241和32145两支钻井队同时鸣炮开钻，宣布辽河石油会战正式开始。一批又一批的会战人员怀着热情不断赶来。黏土房、高粱饭，还有天天的"鸭子汤"，恶劣的环境在人们眼里并不算什么。1978年辽河油田达到了原油产量355万吨，天然气产量达16.5亿立方米。

油田建设牵着人民的心

程玉绿 89岁 口述

Cheng Yuluo

辽河油田的建设是一部艰难创业史。这不仅是因为会战初期"南大荒"艰苦的地面条件,也有来自地质构造复杂、自然灾害的考验。那时候对地下的认知经验不足,装备、技术也比较落后,钻井、作业时有井喷发生,每一次制服井喷,特别是高压气井的井喷,都是一场惊心动魄的生死考验。

还记得当年在供应服务队工作的时候,热河台发生井喷的情景历历在目。从这些"战斗"中清楚地感受到,油田建设牵动着全国人民的心。

1970年热河台辽11井的那次井喷特别强烈。1970年会战开始,为保"五一",油田决定把上面10个层同时打开,增加产量。井喷时气流喷出30多米高,10公里以外都能听到。

当时辽河油田啥都缺,缺人、缺物。中国人民解放军沈阳军区首长和39军朱恒兴军长亲自到现场视察,还派直升机空运物资。当时井场周围不能见火。大连市送罐头、营口市送烙饼、沈阳市送蛋糕,给抢险队员和周围老百姓充饥。几乎整个辽宁都在支持我们。省委领导还让沈阳的百货大楼给现场送了100套棉衣。

抢险队员冒死坐上闸门以后,当天下午准备压井。但是因为井口法兰漏气,第一次压井没有成功。鞍钢机械厂用最快速度加工抢修法兰卡箍,中国人民解放军沈阳军区紧急调派直升机空运到盘锦。抢险队员奋战一夜才把漏气法兰卡住,随后把树脂灌进去,封住破裂的地方,这才解决了井口漏气的问题。最后泵压达到100个大气压,才把井压住。

制服井喷,不但要有舍生忘死的献身精神,还必须解决许多的问题。一个看起来很小的事情,需要付出巨大的努力。每一个问题的解决,以至最后的胜利,都离不开党、政、军、民等各个方面的倾力支持。远的不说,就说赶来支援的部队干部,还有周边百姓,宁可自己不吃,也要把做好的饭菜先给抢险队员送去。所以我说,油田建设牵动着人民百姓的心。

贾东红 整理

老會戰

Part 08 —— 辽河油田篇

油田建设就是使命

董家兴 口述

1961年5月4日，于北京拍摄的新婚照

油建二公司会议室，施工组织设计交流会

1960年我毕业后分配到建筑工程部，先后在技术情报局、渤海工程局工作，那时就与辽河结了缘。后来又到四川支援三线建设。

兴隆台油田的油、气资源十分丰富。1972年，兴隆台低压输气站建成，开始向盘山镇供民用气，同年4月兴隆台的天然气外输鞍钢。从1973年开始，以兴隆台为主的油田天然气又先后向盘锦、台安、大洼、营口、北镇和海城等市的化肥厂供气，带动了地方经济的发展。1974年，辽河化肥厂开始筹建，其配套工程——兴隆台压气站，作为勘探局的重点工程也同时建设。这是我辗转回到辽河以后的一项重大使命。当时，我是辽宁省安装公司的一名工程师，压气站由我带队建设。

建这个压气站，工期很赶。咱们搞油田建设，为的是早出油、快出油，都是拼死拼活地干。压气站也不例外，从上到下思想非常统一。给我印象最深的是油田当时的副局长满应科，他是我见过的工作作风最硬的领导。建设沈阳采油厂的时候，他三天三夜不睡觉地抢工期。压气站项目上，满应科副局长任供气工程指挥部指挥，也是带着大家这么干的。当时我和油建一公司的领导带着十几人的队伍也在现场拼命，每天大汗淋漓，身上的工服都能拧出水来，基本上没有正点吃过饭，吃饭没筷子就拿焊条夹着吃。我还特意写了一首《石油情》来反映这种情况。

兴隆台压气站的规模在当时来说还是相当大的。主体工程包括一个2万立方米的气柜、56台压缩机、一个球罐。当时气柜在举升时遇唐山大地震，整个柜体都震歪了，呼呼往外冒气，情况非常危急；满应科副局长把设计院、油建等各路人马召集起来研究对策。我对压气站建设从头跟到尾，而且对这个气柜又特别熟悉和关注，有信心把它安全地降下来。于是我向领导主动请缨说："这个事交给我，我能干。"领导对我也特别信任，同时也很期待。当时我带领省安装公司的一个大队，用了两天时间把气柜降下来。油田两位领导都过来查看，又赶上唐山余震，好在气柜已经在地面安置好，丝毫没受影响。要是再晚一点，恐怕又要出乱子。

要说我为什么对工程细节这么熟，能有这个信心，敢做这件事，就不得不提我当年在外国人那受到的"教训"。

早些时候，我参与建设辽阳化纤厂4号压气站，那个压气站主要是法国的装置和设备。法国人和我们不一样，他们的科技人员仔细得要命，我们做不到。工程中有一个分析塔，32米高，一米一层，一层46个孔、46个阀，他们每一层都进去，把每一个孔、每一个阀门都检查到位。而我们都是隔几层一查，这也是对工人的一种信任。结果咱们检查合格的塔，人家一下就查出了问题。你想想，这要是直接投入使用了，得给国家造成多少损失！所以，从那以后我也仔细检查，既要为工期进度负责，又要保证质量技术过关。

贾东红 整理

祖国在我心中

梁鸿德 80岁 口述

Liang Hongde

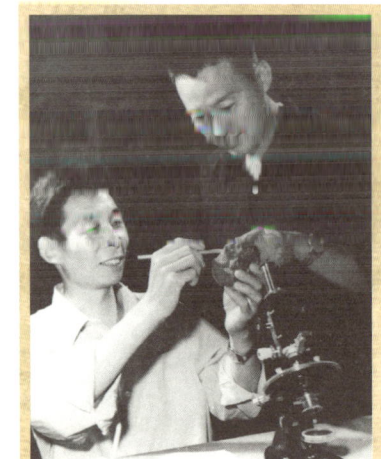
梁鸿德与同事分析矿石

梁鸿德与同学在野外勘查

我是1964年9月从中国地质大学地质找矿与普查专业毕业的,温家宝总理跟我是校友,只是他比我晚一年入学,我大四的时候曾和他一起到湖北实习。我们一行有30多个人,由两位老师带队,我是队长、团支部书记,温家宝总理是副队长、团支部副书记,所以更为亲近。跟他在一起的时间,我们都在野外跑,研究学术、勘察地质,交流也多。

毕业后,我被分配到张家口综合地质大队。单位虽然在张家口,但它是地质部直属的地质队,每年都会有毕业生到张家口参加基层研究工作。在那里工作两年后,我积累了扎实的基层工作经验。1966年初,我进藏了,去找铬铁矿,那是我一生中最难忘的时光。

我们在西藏工作的地方海拔都在4500米以上,那里物资供应非常困难,所以我们把队部设立在敦煌。每年春天进藏,秋天再回到队部,和现在不一样,我们当时进藏虽然是5月,但还是冰天雪地的,棉袄、棉裤、皮大衣、皮帽是必备的。

那时候都坐解放车进藏,一辆车坐20个人,太挤坐不下,大家把床板立一圈,底下放箱子,上面放行李卷,人就坐在行李卷儿上,上面盖一个大棚布,侧面开个窗户。在坑坑洼洼的搓板路上,以每小时20公里的速度前进,7天时间才能从敦煌队部到西藏。

按照当时国家的规定,因为条件艰苦,在西藏工作15年就可以退休。1978年底,我39岁,是我在西藏工作的第13个年头,恰逢辽河油田当时很缺地质勘探方面的专业人才,我搞地质多年有经验,所以就来到了辽河油田。到辽河油田后,我一点没有觉得艰苦,因为在西藏的经历,到油田真的是享福了。虽然当时油田办公条件不好,之前上井打钻都要坐火车,还要步行,但当我去的时候,搞地质的人已经有车坐了,心中真的很知足。

姜娟娟 整理

油田是拼出来的

刘佃学 82岁 口述

辽河油田局

刘佃学留存几张年轻时与家人的照片

1956年，我入伍当兵，1959年入党，1960年到大庆，1967年参加下辽河会战，就是当年"673厂"。

我们队在大庆叫井下12队，到辽河叫试油1队。1969年11月22日晚，我们参加了支援黄5井抢险的战斗。

这口井在试油的时候发生强烈井喷。当时喷气的声音，几公里外（据记载，能传到15公里）都能听到，在现场那更是振聋发聩，完全听不见别人说话，人全是黑的。那声浪震得你头疼，气带熏得你眼睛疼，让人汗毛都竖起来。一进井场，我们都蒙了。

但我知道我是来干啥的。我马上鼓起勇气，猫着腰往总阀门那儿冲。队员们看见我往前冲，也跟着一起上。一股气流把我们全都推趴下了，往回飞了好远。就我这大体格，也这么轻易地被撂倒了。队员们人推人，推着我往前冲。两次、三次、四次……数不清冲了多少次。我就记得，拼了命也要抢时间。

高连轩他们带着加工好的螺栓赶回井场。我们就像多了股劲似的，拿起螺栓就往上冲。几个大汉拧一条螺栓，终于把4个全装上了。第二天，二队继续战斗，也是冒着生命危险关上了总阀门。水泥车启动，压井一次成功。

一天一夜，兄弟们谁也没把生死当回事。不说当时爆炸的风险，就那气流打在人身上都是要命的。在这种情形下，薛文德、高连轩他们硬是用手摸清了阀门的情况。还有那些一批又一批往上冲的弟兄们，都是大拼命的。那不仅仅是油田第一口自喷井，还关系到方圆10公里内百姓们的安危啊。这个事，周恩来总理特别批示，要大力宣传、要防止骄傲自满。

1970年3月，我们负责射孔的辽11井发生井喷，情况非常危急。先后冲上去几批人都晕倒了，但后来者还是冒着生命危险把钢丝绳、螺丝穿了上去。石化部、中国人民解放军沈阳军区和辽宁省领导都对这口井高度重视。领导在现场带着我们一起想办法，决定用井架顶上的滑轮把大闸门吊起来，坐在井口上。井架上喷的全是油，20多米高。我和陈友全、李海江几个人前后爬上去两次，把滑车的大绳扒下来，用棕绳吊到井口。20多个人用油管扛着大闸门，扛到井口待命。看到指挥旗信号，我指挥绞车启动，把大闸门吊起来，四个绞车从四个方向拉进平衡，拉着闸门一点一点往井口上挪。人们冲上去、晕倒、被拉回来，然后再有新的同志冲上去……

辽11井抢险用了11天。就这样，我们队也成了制服井喷的"名人"。后来黄9井井喷也是叫我们去的。当时油田领导王涛经常跟人说："辽河的高产井，必须叫'刘大胡子'上。"还要让我当模范，我没当。我这个性格，啥活都能干，就是当不了模范。

贾东红　整理

The Petroleum Veterans

刘凤喜 78岁 口述
油田的路我的家

Liu Fengxi

1966年，在威远县红村参加三线建设时合影

我1964年在大庆参加工作，先后到过四川油田、江汉油田，1982年来到辽河油田油建。因为油田建设的需要，我们到处奔波，经常搬家。因很少在一个地方逗留，油田的路反而成了更亲切的地方。这也让我对油田修路的历史产生了兴趣。

油田会战之前，"南大荒"地区只有4条干线公路，其他都是乡间土路。因为特殊的地理条件，油田勘探开发建设对道路的依赖性很高，因此辽河会战之初就把修路、架桥作为油田建设的先行工序。慢慢地，"有路才有油"也成为大家的共识。

盘锦市九河下梢，十年九涝。路面设计高于地面很多，当时修筑路基的主要力量是知青工人。

1970年同时开工修筑热河台、桃园和兴隆台3条干线公路。兴隆台干路，就是现在的兴隆台街，这是多少辽河人每天必经之路。

当年没有专业筑路队伍，更没有施工机械。可以说，油田的路是辽河人靠双手铺就的。几千人热火朝天修路的场面，特别壮观。大家用的工具特别简单，劳动强度也很大。早晨天刚亮就走好几公里路出工，天黑了才收工。当时有段顺口溜："有路难行走，有米难做熟，有房难遮风，有水难张口。"条件这么艰苦，那些刚入厂的知青却没有牢骚。手磨出泡了，肩膀压肿了，还是比着干。

1971年油田勘探开发中心转移到西部，筑路工人修筑的第一条干线公路是霍田路。这条路连接于楼和兴隆台，路基是一条河坝，两边是水渠、洼塘。大家奋战了4个月，先挖引水渠排水，然后对河坝拓宽、平整，铺上两合土，压实以后用铁锹在上面铺碎石，最后是沥青。工序虽烦琐却不敢省工夫。所有这些物资，都是用抬筐从几公里以外一步步抬到筑路现场的。

路是连接油田百里战区的大动脉，是油田建设的关键。一年四季，筑路修路的会战一个接一个，都说"油田形势好，筑路打先锋"。勘探开发到哪里，路桥就先延伸到哪里。辽河油田勘探开发50年，辽河人以兴隆台为中心，建起了四通八达的交通网。这些路联通着、承载着……

刘凤喜至今保存着好友方绪根的证件照，他们一起参与多次石油会战

贾东红　整理

The Petroleum Veterans

地质尖兵初探辽河

Tan Shiyong

谭时勇 83岁 口述

老會戰 Part 08 —— 辽河油田篇

我1964年从四川石油学院毕业后，分配到大庆油田研究院区域室外围组工作。童晓光是组长，当时给我的印象是，他知识面宽，各方面很成熟。这与他当过兵，在部队做过文书，后来又送到南京大学学习大地构造专业的丰富经历不无关系。他研究生毕业，年龄又长我们这些新来的大学生几岁。我们都称他为"博士"，他也不拒绝。他有一种钻研精神，特别是总结概括能力很强。大庆松基二井打得很深，区域室有个专题就是他搞的，给人留下了深刻印象。他在辽河成为综合室主任，1977年一篇关于辽河盆地地质分布规律的论文在全国科技大会上获奖就说明了这一点。

由于松辽石油勘探局负责东北地区的石油勘探工作，我们外围组把下辽河盆地、海拉尔、三江平原作为重点工作区。1966年，地质部在辽河发现了苗头。同年4月，根据领导指示，派我和顾志明前去地质部石油司所在地山东德州了解情况。经介绍，我们马上又赶到辽宁田庄台第一普查大队所在地进一步调查。当时，辽5井正在打，辽3井已出油。我们很振奋，决定立即向大庆方面汇报。来到邮电局，我们意识到这样重要的情报不能让周围的人知道，于是找到邮电局领导说明情况，我们要打绝密电话。邮电局领导很吃惊，但马上令在场的话务员离开。电话汇报后我们又索取了辽3井的油样，然后返回了大庆。区域室地质师杨继良、书记关增淼、组长童晓光又向我们详细了解了情况，随后向上级做了汇报。

同年5月下旬，童晓光带队，由我协助他工作，带领12人再下辽河。途中在哈尔滨发生了一件事，有位同志的挎包丢了，里面有地质手册之类的资料。童晓光令大家在长春下车，住长春大庆办事处学习整顿两天，就丢包和个别人在火车上喝啤酒等问题进行总结。要求我们要注意大庆形象，走一路，红一线，住一地，红一片。再上路时，我们就帮列车员扫地，帮人倒水，时时提醒自己，我们是大庆人。

来到辽河后我们兵分两路，童晓光带6人到辽5井，我带6人到辽6井，分别参加地质部的钻井、录井和资料收集工作。10月份的一天，我和童晓光在大庆2号院向宋振明做了汇报：辽6井1.6米油层获20万立方米至30万立方米天然气，辽河情况很好。

1967年3月，经大庆军管会批准，成立"673"厂，我们研究院以区域室为主组建地质队，于同年5月，进驻盘锦沙岭。

金添 陈曦 整理

The Petroleum Veterans

老會戰

Part 08 —— 辽河油田篇

王先柱 70岁 口述
玉门会战历史

Wang Xianzhu

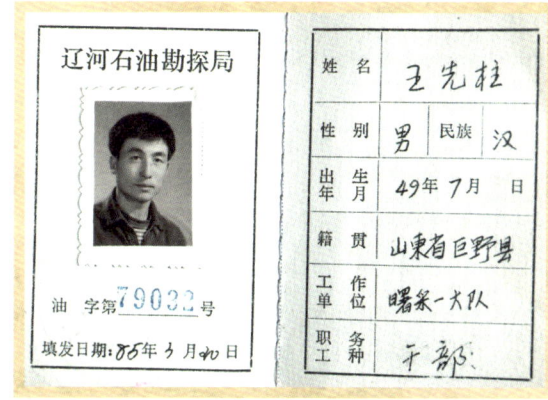

王先柱年轻时的工作证

我出生于1949年，和共和国同龄。我是1965年参加工作的。石油系统招生，我去玉门半工半读，叫工读学生，是刚开发的胜利油田培训的。当时一共去了1000多人，全是济宁和菏泽的。我当时初中还没毕业就直接招生了，去的时候是从济宁集合出发，坐的是专列火车，坐了快一个星期才到玉门，很远很远，从来也没出过这么远的门。有生以来第一次坐火车，在火车上就喝水、吃面包，那个车拉了一车的面包。火车上大多数是山东小伙，年龄都差不多，我的年龄偏小一些，当时17岁。坐了一个星期，跑了3000多公里。刚下火车就感觉到了高原反应。海拔高、空气稀薄，下了火车就自己找行李，被褥都是自己带的。从玉门南站步行去玉门的石油学校，走了二二公里路。玉门地形是南高北低，从南站往上走，感觉喘不上气来。海拔将近2500米，老君庙是3000米，高原反应非常不适应。到那以后就分配到老君庙油矿，边学习边实习，我们是在老君庙的东港，过去叫注水大队。

当时那里的气候是春秋风很大，干燥，流鼻血。我们上课的时候40多个学生，第一个春节老师说你们今年春节肯定回不去了，要在玉门过节了。当时有几个同学就哭了，当场就都想家了，离家好几千里，光我们县就去了50多个小伙。那时候老君庙是玉门最大的单位，是国家最早的老油田。我们去过王进喜的家乡，是步行去的，打着旗、唱着歌，带着干粮去他家受教育去了。

1965年去玉门，1975年调到辽河。

对玉门的十年始终恋恋不舍。从17岁到27岁，把人生最美好的青春岁月都留在了玉门，记忆最清晰、最难忘的是分到老君庙油矿综合大队修井队实习。我在班组里非常要强，思想觉悟也挺高，年轻人都争强好胜嘛，连续多年获得先进个人，所在单位获评先进集体。工作之余经常帮队里搞宣传、出板报，搞一些社会性活动。经常在完成个人本职工作后主动找领导请示，要一些额外的工作。那时候也没有奖金，啥报酬都没有。记忆最深的是，我们一天干了7口检泵作业井，创造了老君庙油矿的纪录。在当时的条件下，靠的是人不知疲倦、马不停蹄的大干，起下油管、井架搬运完全靠人力；那时在上产任务重、钻井队伍不足的情况下，立足自身的人力物力。把钻井设备拉运到综合修井队，在钻井队技术人员的指导下，成功地打了两口油井——红51井和红52井，创下了修井队干钻井队活的纪录。

1975年辽河会战，随着玉门油田一个整编制油矿（500余人）调到了辽河。

白宪顺 整理

The Petroleum Veterans

肖守信 78岁 口述

为祖国找油找气 建设百年辽河

Xiao Shouxin

Part 08 — 辽河油田篇

我在上学的时候就有一个为祖国找油找气的理想。当初在天津上学，路上有很多大罐子，写着外国公司的标志。老师说，那是外国人在咱们的土地上建的油气罐，我们自己却没有。那时我就立了这么一个志向：要为祖国的油气勘探开发做贡献，为中国人生产自己的油和气。

1956年毕业，我先后到了青海油田和四川油田，1970年到的辽河。走到哪条件都很苦，但是我们都以苦为荣。

1970年冬天趁着地面封冻，打了一场勘探会战。当时的地震队只有"七大件"，就是一台仪器车、两台钻机、两台水罐车、一台生活卡车、一台测量卡车。大家每天出工、收工都是坐在钻机平台和水罐车上。大雪封路、车轮打滑，职工们踩着到膝盖那么深的积雪反复踩路，人拉肩扛地施工作业。现在想想，那时候的会战全靠人。什么鞋啊、裤子啊，全冻冰了，人都成了白眉、白毛，但没人后退过半步。这就是大家为祖国找油找气的理想。

1971年获得很多新发现，1972年又打出一批高产井，油田勘探开发重点从东部转移到西部。兴213井是辽河打出的第一口油气井，这口井日产油100多吨，全是凝析油啊，就跟汽油似的，日产气80多万立方米。我印象更深的是第一口日产油千吨井——兴411井（该井试油初期日产油1178吨、天然气211600立方米）。那可真是一个大"金娃娃"！

还是那句话，会战全靠人。一次次的胜利，是各个环节通力合作的结果，少了谁都不行。地质处的人一直在一线搞研究，确定层位，钻井队9天上双千，24天完钻交井，还破了纪录。还有炮队、作业队、油建的，当然还有我们采油厂……

20世纪80年代乔迁新居照

紧接着油田以兴隆台为主战场，组织了一场"百日会战"，油田也被确定为全国五大战场之一。在"百日会战"上又获得重大收获，马20井打出2000吨日产油，这是当时中国初期日产量最高的一口井。这两口井到现在我还记得。真是"辽河两岸摆战场，千军万马战犹酣"。

兴隆台油田的初期开发，速度高、强度也高，注水没跟上，产量下降得也快。1974年油田决定开展注水开发，确保老井稳产。辽河油田属于复杂断块油田，地质情况就像一个盘子掉地上摔碎了，又被踹了一脚，破碎且零散。所以，大庆和苏联的面积注水、行列注水在咱们这都不好用。我们只能一个断块一个断块地研究，搞低部位不规则点状注水。

过去有人说辽河快要采不出油了，我觉得这种认识是错误的。50岁，对于一个油田来说还是青少年。我们家祖孙三代都有干地质的，我和我孙子还是校友，当年教我的老师后来又教他。他现在在特油公司搞地质工作。这油田的勘探开发，我们家是儿子干了孙子干。现在很多领域有年轻人挑大梁，我感到骄傲！希望他们继承为祖国找油找气的理想，努力建设百年辽河。

陈曦 整理

结婚时的照片

抗洪抢险精神长存

杨桂兰 81岁 口述

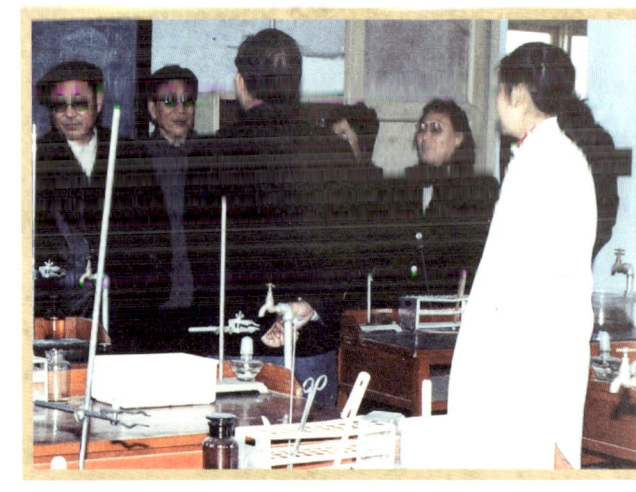

Yang Guilan

1984年，大庆油田、胜利油田学校领导到物资公司中学调研，杨桂兰在物理实验室介绍工作情况；这样先进的实验室在全国也是少有的

1986年7月，辽油物资中学校长杨桂兰在校运动会开幕式上发言

辽河油田会战初期，大部分苏联进口的设备需要翻译。因为爱人张益安懂俄文，1973年7月份从华北油田物资处调到辽河油田物资处参加会战，我从华北油田子弟学校调入辽河油田物资子弟学校。在那个艰苦创业的年代，油田的配套基础十分薄弱，没有学校和托儿所。

无数辽河石油人舍小家、顾大家，经常连子女都照顾不上。所以，我们就组织了一些家属，常年帮助大伙照看。这样做主要是两个考虑：一是希望大家都能安安心心去工作，搞好油田的建设；另一方面更希望搞好咱们石油子女的教育，别因为我们这代人的奉献给耽误了。

国家对教育事业非常重视，我们在各方面支持下建起了学校。我也被大家推选进了学校班子。努力为孩子们创造更好的学习教育环境，成了我毕生追求的事业。

辽河属于九河下梢，十年九涝。每年搞防汛工程，生产运行部门的领导就会要求学校组织学生们参与，但是我却不赞同。我认为学生就应该好好在教室里学习，怎么能一个多月不上课去搞防汛呢？为这事，我专门找局领导"告状"，得到了局里的认可和支持，明确要求以后不再让学生参加防汛工程建设。人们都说："杨校长厉害，不怕得罪人。"

每当有大规模的抗洪抢险，辽河人都是不分男女老幼，全员出动。有抗洪"父子兵"，更有"替母出征"的。特别是1985年的油田保卫战，应该是持续时间最长、抢险任务最艰苦的一次。那年七八月份连下了30天雨，到处沟满壕平。油田的受灾程度相当严重，历史罕见。因为水量大、时间长，几条战线、几个战场同时抗洪。先是茨采，再是曙光和兴隆台。有的地方抢险队员在大堤上一干就是七天七夜，还有的地方战斗规模达到上万人。兴隆台南大堤的战线达到10公里长。职工家属们步行十几公里上大堤参战，一天之内就把大坝加高了1米。

就在曙光、兴隆台忙得不可开交的时候，又受台风的影响，在黄金带、于楼、热河台形成一个战场。好多人家里被淹了，依然坚守在抗洪前线，奋力排除险情。第四道洪峰比之前的更加凶险。当时是凌晨3点，油田组织抢险队伍北上。天刚亮的时候，就有20多个单位的上万名职工赶到，赶在洪峰到来之前加固了堤坝。在好几条坝段，爆破队的同志们冒着生命危险炸掉了阻碍洪峰下泄的障碍，减轻了上游的险情。

经历过这么多次殊死搏斗，抗洪抢险已经成为辽河人的一种精神。

贾东红 整理

边挨批判，边组建「673」

杨录 90岁

辽河油田篇

1970年4月，辽11井井喷，杨录向抢险队员布置抢险任务

1967年春，杨录（左二）在大庆家中与即将奔赴辽河的刘成章（左一）、张建之（左三）合影留念

1967年初，我是大庆油田副总指挥、生产办公室副主任，主任是李虞庚。为了保持大庆油田的生产稳定，军管会进驻大庆，生产办公室由军管会生产组代替管理。他们不了解生产情况，所以我依旧干本行，顺理成章地成为军管会生产组成员。

一天，石油工业部军管会来电，要求组建一支精干的石油队伍到辽河进行勘探，代号"673"厂。军管会刚刚进驻，对大庆的队伍状况、生产情况不甚了解，于是由我和生产组组长齐建民一起组织"673"厂的生产队伍。按石油工业部的指示要求，要找三个标杆钻井队。32139队曾用电动钻机打出4000米的超深井（深1井），考虑到辽河没有电，所以将其电动钻机改为柴油机，钻井深度可达3200米，队号改为32146队，又组织了32144队和32145队两支劲旅。

在当时的背景下，部队的进驻起到了很重要的作用。1967年3月到1970年3月间，前两年"673"厂的生产队伍组织都是由我安排的，后一年我也被"教育"了，给我戴上了"三个帽子"：第一个是1949年前上大学，所以一定是"地主阶级"；第二个是我留学苏联，一定是"苏联特务"；第三个是有一次钻井中虽然已钻达设计井深，但遇到火山岩，于是下令停钻，我就成了"反面教材"。现在想起来令人哭笑不得。

我当时虽然身在大庆，也时常关心辽河的情况。黄5井井喷，我作为专家坐飞机前往支援，但到达时已经控制住了。1970年4月我也调到辽河参加会战，刚报到第二天，辽11井就井喷了。作为生产组组长，相当于总工程师，王涛是地质参谋长，相当于总地质师，我们马上赶到现场。军代表王秀发、指挥曹进奎，我们组成抢险领导小组，由军管会统一领导指挥。向中国人民解放军沈阳军区汇报后，提出三项要求：不能着火，不能伤人，不能破坏油井。因此，我们在制定抢险方案时，特别慎重，不能出一点纰漏，抢险方案实施起来十分困难。晚上困了，就往老百姓的草堆里一钻。大家苦熬了11天，油浸透了棉衣，整整脱了两层皮。当地广大群众从几十公里以外送来开水，解放军士气高涨，对我们帮助很大。特别是咱们的石油工人真是有股不怕死的精神，始终战斗在第一线，场面很感人，他们是世界上最好的石油工人！经过大家的共同努力，终于获得了抢险的胜利。

1966—1976年，对油田生产有过一些影响，但整个石油队伍一直以生产建设为主，以为国家多找油、多产油为己任，为国家做出了很大的贡献。这是我们石油人最值得欣慰和自豪的事情。

金添　陈曦　整理

会战回忆录

张世续 83岁 口述
辽河油田篇

Zhang Shixu

1966年,张世续在大庆时的工作照

1983年,建设沈阳采油厂初期的场景

我是1936年生人,1960年3月从西安石油学校毕业分到大庆。那正是冰天雪地的日子,到哈尔滨一下火车就冻得不行。那时大庆叫萨尔图。西安还春暖花开的季节,这里冻得跟龟孙子似的。我们一共28个"和尚"照了合影,学钻井的28个男生。记得我们钻井队打的那个3241井井喷了,42米高大钻机都看不见了,惊天动地啊!

1975年11月底到辽河,参加曙光会战,是井下作业一个单位整建制调过来的,我当时是调度长。曙光会战条件好多了,气候条件也好,吃得饱了,有鱼有蟹。但是水不好,喝的是稻田上水线的水,挑到家以后缸里要放明矾沉淀一下。曙光会战也建了基地。为了解决家属吃饭问题,我们开始跟大庆一样自己开荒种地,种水稻。大凌河两岸真好,在欢采北边两年种了1100亩地,到农村公社借犁,开荒,头一年就打了30万斤粮,第二年就上百万斤了。

我是1983年底参加沈采会战,组织派我成立沈勘指挥部。1983年已经48岁了,那时我身体不好(心脏不好)。但是领导跟我说,什么时候有病什么时候去北京看,让我到沈采当厂长。那时我的家还在欢喜岭,我住在单身宿舍。1984年4月3日正式宣布成立沈采采油指挥部。但我没干几个月就病情加重,到北京住院治疗了3个月。1985年初,我从北京回来一看,工作组还是原来的那一摊子,就4个人。当时,工作组到招待所吃饭,招待所院里水管断了,吃饭过不去。建设单位的人见我们一到,也就撂挑子了。他们不干,我干。

沈采4月份宣布成立,1984年5月份就有了胜3上千吨的油井、胜11千吨井、胜10双千吨井,上千吨的井就有20口。但随后限产了。上千吨的井组织了多少罐车拉呀。那时的条件也很艰苦,我们都住在前进老平房,不够住了,我们就搭些板房。重1984年8月份,我就把职细下来了,征地我是有原则的,有好的地,有差的地,征差的不征好的,有耕地有荒地,征荒地不征耕地。那时辽宁省有权力批500亩,超过500亩需要国务院批。沈采超过500亩,这院有1100亩,我经常与沈阳土地管理处打交道,做了两次征地才把这块地给征下来。

那时沈阳油田开发是国务院批的,从日本进出口银行贷的款。在那年代征地,不像现在,一说征地都支持。但新民书记是土改干部,他认识上不去。找他办事,他说你们石油来了,我们的肉呀、蛋呀都叫你们买去了,有些不愿意。买这块地,我找的兴隆堡党委书记,也是扭扭捏捏的。这块地原来是一块窑地,烧砖的。据说,沈阳故宫的砖瓦就是在这烧的,征地时窑还有模样呢。那时建厂困难呀,缺东少西的,也是费尽周折;建材困难,木材、水泥、钢铁都是倒,特别缺少。我就多次到沈阳工程处,买点水泥钢材,一点点地买,真不容易。水呀、电呀、气呀都要解决。那时单井罐生产要烧煤,老这么烧不行呀。有两口出气大的井,我就想到铺管道烧天然气。从供气点到单井罐11千米,为筹集11千米管道,我就想尽各种办法,东挪西筹再加要,其中沈阳工程处我一点点地要,批下来2千米管线。管线一建成,就省了不少煤。

建井时有一个口号:"早晨六点半,晚上看不见。"那时人的觉悟真高,天天就那么干,也没待遇,什么怨言也没有。到动员大干时,一人发一个白背心,大家就挺高兴了,哪有什么超产奖呀?穿着这个大背心,沈阳采油厂大干多少天,员工心里那个美呀。那时大干,井架林立,晚上灯火辉煌,场面十分壮观。

白宪顺 整理

后记

老会战 — postscript — 金添

Jin Tian

2019年1月25日，我出差到大庆，希望采访到大庆会战"五面红旗"之一的马德仁。此次采访并不顺利，马德仁的儿子因父亲中风怕形象不好婉拒了我。几经沟通，他只是淡淡地说，春暖再来。返回的路上，我心里很不是滋味。马德仁作为中国石油工人的杰出代表、会战时期的英雄人物之一，是我敬仰已久的精神偶像，都到家门口了，竟连面都没见着。

我想了很多，中国石油像马德仁这样的"老会战"还有多少？中国第一批石油"老会战"如今的生活怎么样？真想听他们讲一讲我未曾参与过的石油会战时光。

这让我萌生了创作此书的愿望。我联系了中国石油报社大庆记者站的同事们，共同议定选题，下决心要采访马德仁老前辈。接下来几个月，我在不同油田拍摄了近30位"老石油"，他们的真情讲述把我拉回到那个激情燃烧的岁月。2019年6月18日，我再次来到大庆。我与记者站的张云普守在老人家的门口，一直等到马老的小儿子下班回家迎面碰到我们，这一次他没有拒绝我，把我们直接领进马老的卧室。得知我们是《中国石油报》的记者，马老很是激动。回忆起会战往事仍然清晰，讲述了许多让我至今想起都会鼻头发酸的故事。

2019年12月下旬，结束了所有采访，我心中一直不能平静。我想尽些微薄之力，给我们这一代石油人留住点什么，哪怕只是一丝丝的记忆。2020年6月，从武汉采访完新冠疫情回来后，我一直在整理老会战采访素材。突然收到同事信息，马德仁走了。我看着照片，呆呆地坐着，脑海里反复出现两张照片，一张是他年轻时受表彰的照片，另一张是他坐在轮椅上我为他拍的肖像照，心情久久不能平静……

在我拍摄并完成这本书时，百位受访者已有四位老人离世。难过的同时，更让我坚定了做好这本书的决心，觉得采访和记录他们留下的痕迹意义非凡。作为一名石油记者，我只想把我看到的、听到的用镜头和文字真实地展现给大家，让更多人了解艰苦卓绝的石油创业史、奋斗史，让大家认识真实的石油人，感悟石油精神。他们的形象是石油的形象，是民族的形象。希望后来者能踏着先辈的足迹勇往直前！

2021年5月于北京